introdução
ao estudo da
economia

EDITORA
intersaberes

O selo DIALÓGICA da Editora InterSaberes faz referência às publicações que privilegiam uma linguagem na qual o autor dialoga com o leitor por meio de recursos textuais e visuais, o que torna o conteúdo muito mais dinâmico. São livros que criam um ambiente de interação com o leitor – seu universo cultural, social e de elaboração de conhecimentos –, possibilitando um real processo de interlocução para que a comunicação se efetive.

Érika Roberta Monteiro
Pedro Augusto Godeguez da Silva

introdução ao estudo da economia

 EDITORA intersaberes

Rua Clara Vendramin, 58 . Mossunguê
CEP 81200-170 . Curitiba . PR . Brasil
Fone: (41) 2106-4170
www.intersaberes.com
editora@editoraintersaberes.com.br

Conselho editorial
> Dr. Ivo José Both (presidente)
> Drª Elena Godoy
> Dr. Nelson Luís Dias
> Dr Neri dos Santos
> Dr. Ulf Gregor Baranow

editora-chefe > Lindsay Azambuja

Supervisora editorial > Ariadne Nunes Wenger

analista editorial > Ariel Martins

Capa > Igor Bleggi

Projeto gráfico > Raphael Bernadelli

diagramação > Pessoa&Moraes

preparação de originais > Tássia Fernanda Alvarenga de Carvalho

Dados Internacionais de Catalogação na Publicação (CIP)
(Câmara Brasileira do Livro, SP, Brasil)

Monteiro, Érika Roberta
   Introdução ao estudo da economia/Érika Roberta Monteiro, Pedro Augusto Godeguez da Silva. – Curitiba: InterSaberes, 2014.

   Bibliografia
   ISBN 978-85-443-0080-0

1. Economia 2. Economia - Estudo e ensino
I. Silva, Pedro Augusto Godeguez da. II. Título.

14-09408   CDD-330.07

Índice para catálogo sistemático:
1. Economia: Estudo e ensino 330.07

1ª edição, 2014.
Foi feito o depósito legal.

Informamos que é de inteira responsabilidade dos autores a emissão de conceitos.

Nenhuma parte desta publicação poderá ser reproduzida por qualquer meio ou forma sem a prévia autorização da Editora InterSaberes.

A violação dos direitos autorais é crime estabelecido na Lei n. 9.610/1998 e punido pelo art. 184 do Código Penal.

Sumário

apresentação 7

Como aproveitar ao máximo este livro 10

1 introdução à economia 12

2 microeconomia – introdução 32

3 elasticidade 68

4 teoria da firma 92

5 estrutura de mercado e sistema brasileiro de defesa da concorrência 112

6 problema da incerteza 132

7 teoria dos jogos 146

8 contas nacionais 156

9 oferta e demanda agregadas 176

10 moeda¹⁹⁰

11 relações com o exterior²⁰⁸

12 inflação²²⁶

13 políticas econômicas²⁴²

estudo de caso²⁵⁸

para concluir²⁶⁴

referências²⁶⁵

respostas²⁷³

Sobre os autores²⁸⁸

apresentação

Introdução ao estudo da economia é um livro destinado ao ensino de economia a distância para não economistas. Falar do tema para outros públicos é sempre um desafio, uma vez que o senso comum costuma restringi-lo tão somente a números, gráficos, dinheiro, bem como ao ato de economizar. Para tanto, nossa principal preocupação ao elaborar o material foi expandir essa ideia inicial e demonstrar não apenas a abrangência dessa ciência, mas também sua importância no dia a dia de qualquer cidadão. Desse modo, procuramos abordar a teoria com uma linguagem simples, em detrimento, sempre que possível, de termos em "economês", exemplificando os temas por meio de situações do cotidiano.

Este livro é composto de 13 capítulos, os quais podem ser subdivididos em três grandes seções: introdução, análise microeconômica e análise macroeconômica. No Capítulo 1, introduzimos o leitor nos conceitos básicos necessários à compreensão dos demais tópicos que serão abordados.

No Capítulo 2, que inicia o estudo da microeconomia, procuramos abordar as ferramentas básicas de toda discussão econômica: as forças de oferta e demanda, bem como a forma como elas interagem e o quão sensíveis são os consumidores ou os produtores às modificações que ocorrem nas condições do mercado.

Os capítulos 3 e 4 centram-se inteiramente na questão da oferta. No primeiro enfocamos a eficiência do processo produtivo; no segundo, voltamos a atenção para os custos da produção.

Discutimos, no Capítulo 5, sobre as principais implicações do grau de concorrência inerente a cada tipo de estrutura de mercado, além de ressaltarmos a importância da atuação do governo ao delimitar, fiscalizar e coibir práticas anticompetitivas.

Na sequência, abordamos no Capítulo 6 o comportamento dos agentes econômicos quando tomam decisões na presença de incertezas e riscos, tendo por base elementos da economia dos custos de transação.

Para encerrar a discussão sobre microeconomia, apresentamos no Capítulo 7 a teoria dos jogos, uma importante ferramenta de decisão no ambiente empresarial, a qual estuda o comportamento estratégico de indivíduos ou empresas.

Já no Capítulo 8, enunciamos os princípios macroeconômicos, abordando questões relativas ao crescimento econômico, ao desemprego e à tributação.

No Capítulo 9, expandimos a discussão iniciada no Capítulo 2 acerca das forças de mercado, antes limitadas a agentes econômicos específicos, partindo para a análise sob uma ótica agregada.

Na sequência, discorremos no Capítulo 10 sobre a história, os tipos, as funções e a importância da moeda no funcionamento da economia; já no Capítulo 11 analisamos as relações dos países no mercado internacional. O conteúdo apresenta as teorias de comércio internacional e a estrutura do Balanço de Pagamentos, conceituando a taxa de câmbio, os regimes cambiais e a relação entre taxa de câmbio e inflação.

No Capítulo 12, detalhamos os fenômenos macroeconômicos relativos às variações no nível de preços, bem como as distorções deles decorrentes e as possíveis políticas de correção.

Por fim, apresentamos, no Capítulo 13, os instrumentos de política fiscal e monetária, dos quais o governo dispõe para estimular a atividade produtiva, suavizando os períodos de contração ou imprimindo mais ritmo aos períodos de prosperidade.

Adicionalmente, ao final de cada capítulo apresentamos questões para revisão, que objetivam a fixação de conceitos apresentados, e questões para reflexão, cujo objetivo é, sempre que possível, relacionar a teoria a um tema atual que tenha sido destaque nos noticiários.

Finalizamos esta obra com um estudo de caso, que visa basicamente à compreensão e à identificação dos efeitos das políticas monetárias e fiscais, contracionistas ou expansionistas, em uma economia globalizada.

Como aproveitar ao máximo este livro

Este livro traz alguns recursos que visam enriquecer o seu aprendizado, facilitar a compreensão dos conteúdos e tornar a leitura mais dinâmica. São ferramentas projetadas de acordo com a natureza dos temas que vamos examinar. Veja a seguir como esses recursos se encontram distribuídos no decorrer desta obra.

Logo na abertura do capítulo, você fica conhecendo os conteúdos que nele serão abordados. »

conteúdos do capítulo
> Definição de economia.
> Economia de mercado.
> Problemas econômicos fundamentais.
> Sistemas econômicos.
> Custo de oportunidade.

Você também é informado a respeito das competências que irá desenvolver e dos conhecimentos que irá adquirir com o estudo do capítulo. »

após o estudo deste capítulo, você será capaz de:
1. definir economia;
2. identificar os principais sistemas econômicos;
3. compreender o funcionamento de uma economia de mercado;
4. definir os problemas econômicos fundamentais;
5. explicar o conceito de *custo de oportunidade*;
6. compreender o crescimento econômico.

Esta seção traz ao seu conhecimento situações que vão aproximar os conteúdos estudados de sua prática profissional. »

Estudo de caso
Pedro Augusto Godeguez da Silva

Macroeconomia e economia internacional

> **Introdução** – Por meio das políticas monetária e fiscal, os governos têm o poder de intervir na economia, seja para reverter uma situação de recessão, seja para desacelerar a economia em um cenário inflacionário. Essa discussão se tornou muito frequente após as crises nos Estados Unidos e na Europa, cujos efeitos interferem diretamente na dinâmica econômica mundial. Compreender os efeitos de tais políticas é determinante para o posicionamento estratégico das empresas diante das possíveis mudanças nos cenários político e econômico.

> **Objetivo** – Compreender e identificar os efeitos das políticas monetárias e fiscais, contracionistas ou expansionistas, em uma economia globalizada.

> **Parte 1** – Tendo por base as informações abordadas nos capítulos de macroeconomia, especialmente no Capítulo 12, inicie esta atividade identificando as características principais dos instrumentos de política monetária e fiscal, descrevendo os efeitos teóricos das medidas contracionistas e expansionistas em determinada economia.

> **Parte 2** – Busque notícias, informações, boletins que auxiliem na compreensão e na contextualização dos cenários político e econômico da Europa. Em seguida, elabore um texto que responda às seguintes questões:

Síntese

É muito comum que os estudantes associem economia unicamente a dinheiro, poupança e matemática. Neste capítulo, pudemos perceber quão amplo é o foco de análise dessa ciência. Aprendemos os diversos tipos de sistemas econômicos existentes e nos detivemos no funcionamento de uma economia de mercado.

Ampliamos nosso conhecimento acerca da ciência econômica, identificando seus três problemas econômicos fundamentais – O que e quanto produzir? Como produzir? Para quem produzir? – e a quem cabe resolvê-los em cada um dos sistemas econômicos.

Por fim, utilizamos uma representação gráfica (Gráfico 1.2) da fronteira de possibilidades de produção para simular as escolhas e os custos incorridos por uma economia ao tentar encontrar a forma mais eficiente de alocar recursos escassos. Fizemos isso em três situações distintas: quando essa economia apresenta capacidade ociosa, quando atinge o pleno emprego do uso de seus fatores de produção e, ao atingi-lo, quais as maneiras possíveis de ultrapassá-lo.

≪ *Você dispõe, ao final do capítulo, de uma síntese que traz os principais conceitos nele abordados.*

Questões para revisão

1. Defina *economia* com base nos seguintes termos: *escolha, escassez* e *necessidades ilimitadas*.

2. Quais os problemas econômicos fundamentais e a quem cabe resolvê-los nos sistemas econômicos capitalista e socialista?

≪ *Com estas atividades, você tem a possibilidade de rever os principais conceitos analisados. Ao final do livro, os autores disponibilizam as respostas às questões, a fim de que você possa verificar como está sua aprendizagem.*

---

c) Pontos além da fronteira de possibilidades nunca poderão ser atingidos.
d) A fronteira de possibilidades de produção representa a produção de uma economia desenvolvida.
e) Os pontos da fronteira em que há produção de um único produto não podem ser considerados eficientes.

5. Assinale a alternativa correta quanto aos sistemas econômicos:
a) Como o próprio nome diz, as questões que envolvem os *sistemas econômicos* se restringem à economia.
b) Nos sistemas de economia mista, há também a figura do órgão planejador central.
c) Todo sistema econômico em que ocorrem intervenções governamentais deve ser classificado como *capitalismo de Estado*.
d) A não existência de classes sociais é a única diferença entre os sistemas capitalista e socialista.
e) No capitalismo, as forças de mercado são livres, sendo intermediadas pelo mecanismo de preços.

Questão para reflexão

1. Explique o impacto da descoberta de petróleo na camada do pré-sal, anunciada em meados de 2007 pela Petrobras, quanto ao posicionamento da Fronteira de Possibilidades de Produção (FPP) brasileira e quanto ao crescimento econômico. Para tanto, analise tal descoberta segundo as três perspectivas oferecidas pela FPP: abaixo da curva, sobre a curva ou acima da curva. Em seguida, escolha o posicionamento mais adequado e justifique-o.

≪ *Nesta seção, a proposta é levá-lo a refletir criticamente sobre alguns assuntos e a trocar ideias e experiências com seus pares.*

1 introdução à economia
Érika Roberta Monteiro

conteúdos do capítulo

> Definição de economia.
> Economia de mercado.
> Problemas econômicos fundamentais.
> Sistemas econômicos.
> Custo de oportunidade.

após o estudo deste capítulo, você será capaz de:

1. definir economia;
2. identificar os principais sistemas econômicos;
3. compreender o funcionamento de uma economia de mercado;
4. definir os problemas econômicos fundamentais;
5. explicar o conceito de *custo de oportunidade*;
6. compreender o crescimento econômico.

Neste capítulo, definiremos *economia* com base nos seguintes termos: *escolha, escassez* e *necessidades ilimitadas*. A seguir, analisaremos os sistemas econômicos e os problemas fundamentais dessa ciência. Por fim, discutiremos a capacidade produtiva dos países e sua importância para o crescimento econômico.

1.1 O que é economia?

Você está plenamente satisfeito com aquilo que tem? Existe alguém que esteja?

Em março de 2013, a revista *Forbes* publicou o *ranking* das pessoas mais ricas do mundo. No topo da lista estava o empresário mexicano Carlos Slim, com uma fortuna avaliada em 73 bilhões de dólares (Kroll, 2013). Entre os brasileiros, a primeira posição foi ocupada pelo empresário Jorge Paulo Lemann, com 17,8 bilhões de dólares (Kroll, 2013). Você acredita que eles estejam plenamente satisfeitos com o que têm?

Por acaso você já precisou fazer escolhas em sua vida? Por que é preciso fazê-las? Por que todas as pessoas não podem ter tudo o que desejam?

A resposta a essas perguntas consiste na razão de ser da ciência econômica. Ninguém está nem nunca estará satisfeito com aquilo que tem; logo, concluímos que as necessidades das pessoas são ilimitadas. Somem-se a essa constante insatisfação humana o crescimento populacional e o aumento da expectativa de vida para que se reúnam todas as justificativas ao que afirmamos: as necessidades são ilimitadas. Todavia, em contraposição a essas necessidades, há a escassez de tudo aquilo que é preciso para satisfazê-las: tempo, dinheiro, recursos naturais, maquinários, espaço, mão de obra etc.

Com isso, podemos dizer que a economia concentra-se em três termos-chave: *necessidade ilimitada*, *escolha* e *escassez*. Com base nessa ideia, é possível enunciar o conceito de *economia* da seguinte forma: a ciência econômica dedica-se a tentar compreender o processo da escolha, ou seja, da tomada de decisão, a fim de empregar recursos escassos na produção de bens e serviços da maneira mais eficiente possível, visando à satisfação das necessidades humanas.

Em linhas gerais, o estudo da Economia costuma ser dividido em *microeconomia* e *macroeconomia*. Embora os prefixos *micro* e *macro* sugiram a ideia de tamanho, é preciso dissociar o espaço geográfico desses conceitos. A microeconomia centra-se nas decisões de agentes individuais, na interação entre famílias e empresas, as quais resultam na formação de preços em mercados específicos, ao passo que a macroeconomia analisa o resultado agregado dessas decisões individuais.

Por exemplo: comumente encontramos nos noticiários dados relativos ao mercado de trabalho de determinadas atividades econômicas. As notícias supõem que, em dado momento, os produtos de alguns setores tenham apresentado elevação de preços, enquanto outros tenham apresentado redução. Há, também, casos em que os preços tenham ficado estáveis. Nessas situações, individualmente, cada atividade econômica será tratada no âmbito da microeconomia, ao passo que o resultado líquido do mercado de trabalho resultará em um indicador macroeconômico – a taxa de inflação.

Uma vez conhecida a essência da ciência econômica, é possível explorar certos detalhes igualmente importantes, quais sejam: recursos, eficiência e escolha.

a) Recursos

Os recursos, denominados **fatores de produção**, sintetizam os "ingredientes" básicos presentes em todo processo produtivo, a saber:

» terra: corresponde tanto ao espaço destinado à produção quanto à fonte de recursos naturais;

» trabalho: refere-se à mão de obra propriamente dita e ao capital humano, ou seja, às qualificações e experiências do trabalhador;

» capital: compreende todo tipo de máquina, equipamento e nível tecnológico utilizado na produção.

b) Eficiência

» A produção com eficiência implica produzir mais com menos – maior quantidade de bens utilizando-se do mínimo de recursos.

» A eficiência não tem a equidade como consequência. A obtenção de maior número de bens e serviços não está vinculada à sua distribuição justa entre os agentes econômicos.

c) Escolha

» A economia atribui um termo específico a essa situação de conflito – **trade off**; tal processo cabe a todos os agentes da sociedade, quer decidam como indivíduos ou famílias, quer como empresas ou governo. Um vestibulando poderá enfrentar um *trade off* entre candidatar-se ao curso de contabilidade ou de administração; uma família enfrentará *trade offs* para conciliar seu orçamento com suas despesas; uma empresa poderá enfrentar um *trade off* entre investir em propaganda ou em uma nova linha de produtos; um governo enfrentará um *trade off* entre destinar mais recursos à educação ou à saúde, por exemplo.

» Toda escolha implica uma perda. Como não é possível ter tudo, algo necessariamente será colocado de lado; esse item do qual se abre mão é chamado **custo de oportunidade**.

» Supõe-se que a escolha seja um processo racional, no sentido de que, ao decidir, cada agente econômico avaliará os custos e os benefícios e sempre agirá em benefício próprio, ou, ao menos, convencido de que assim o faz.

» Se uma escolha pressupõe analisar custos e benefícios, influenciá-los consiste em um importante método para direcionar esse processo.

1.2 O funcionamento de uma economia de mercado

Você sabe o que é um mercado? É provável que você tenha se recordado do local para onde você se dirige quando pretende consumir quaisquer bens, não? É exatamente essa ideia que nos permitirá construir nosso conceito de *mercado*: o ponto de encontro entre compradores e vendedores.

Aos primeiros, que desejam consumir, atribuímos uma força denominada **demanda**; àqueles que produzem e/ou disponibilizam bens e serviços, atribuímos uma força oposta, denominada **oferta**. Ambas – oferta e demanda – constituem as principais ferramentas para dar início a qualquer raciocínio econômico.

A fim de compreender o funcionamento de uma economia de mercado, suponha, inicialmente, uma economia muito simplificada, em que inexistam o governo e os demais países do mundo. Ela é composta apenas dos seguintes agentes econômicos: famílias e empresas, cujas transações econômicas ocorrem, obviamente, por meio de mercados. Nesse contexto, eles serão chamados de *mercados de bens e serviços* – nos quais as famílias compram e as empresas vendem –, e *mercados de fatores de produção* – nos quais as famílias vendem e as empresas compram.

O próximo passo é completar as interações entre agentes e mercados com as forças de oferta e demanda, conforme ilustrado na figura a seguir:

Figura 1.1 – Fluxo de bens e serviços

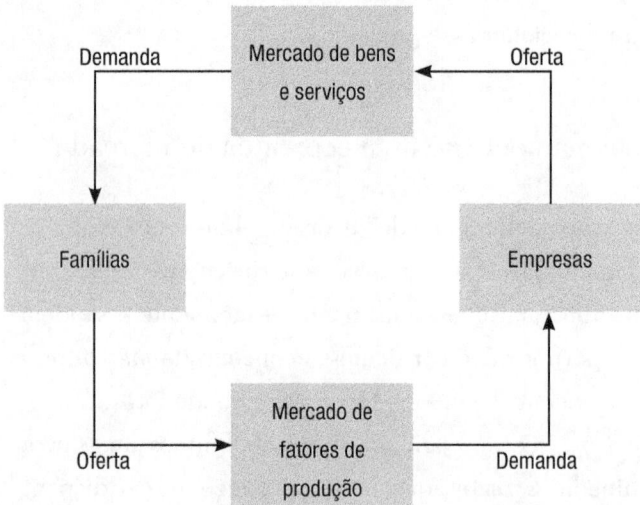

Por fim, uma vez que as operações comerciais são intermediadas pela moeda, o diagrama completa-se com a introdução dos fluxos monetários, ora em direção às empresas na forma de pagamento pelos bens e serviços adquiridos, ora em direção às famílias, na forma de salários, lucros e aluguéis. É o que se vê na Figura 1.2.

Figura 1.2 – Fluxo monetário

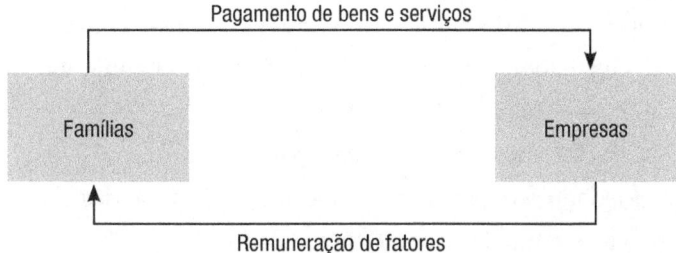

A representação a seguir, na Figura 1.3, conhecida por *diagrama do fluxo circular da renda*, ilustra o funcionamento de uma economia de mercado.

Figura 1.3 – Diagrama do fluxo circular da renda

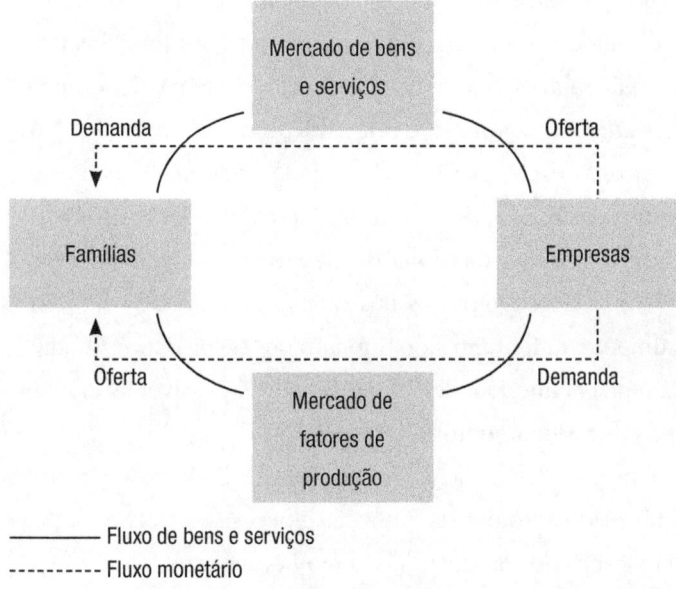

1.3 Sistemas econômicos

O método por meio do qual cada sociedade decide influenciar o processo de escolha constitui seu sistema econômico. Contudo, apesar de tal denominação, um *sistema econômico* envolve não apenas questões relativas à economia, mas também aspectos sociais e políticos.

Há três características fundamentais para definir um sistema: a propriedade dos meios de produção, a disposição das classes sociais e o funcionamento do mercado.

Quando os meios de produção são de propriedade privada, o mercado funciona livremente e existem classes sociais distintas, temos um sistema econômico denominado *capitalismo*, cuja força motora é o lucro. Em contrapartida, quando os meios de produção são públicos, a sociedade não está dividida em classes sociais e o funcionamento do mercado não é regido por preços, mas sim por decisões tomadas por um órgão planejador central, temos o sistema denominado *socialismo*, cuja base é a igualdade e a cooperação. No primeiro, as escolhas são influenciadas pelo mecanismo de preço; no segundo, por meio de determinações do Estado. Alguma lembrança das aulas de Geografia do ensino médio?

Você é capaz de citar países nos quais tais sistemas vigorem atualmente ou tenham sido implantados no passado? Qual é o sistema econômico vigente no Brasil? É possível fazermos alguns questionamentos a respeito:

1. Há propriedades privadas no Brasil? Podemos ser proprietários de automóveis, imóveis, empresas e, portanto, podemos vendê-los ou deixá-los como herança?

2. A sociedade brasileira é dividida em classes?

3. E o mercado? Os preços são definidos simplesmente com base na interação entre as forças de oferta e demanda? Nosso governo faz intervenções no funcionamento do mercado?

Entre as três perguntas, cabe cuidadosa reflexão quanto à última. Você lembra quando diversos meios de comunicação – redes sociais inclusive – noticiaram a elevação brusca do preço do tomate? Restrições à oferta combinadas à manutenção da demanda motivaram o aumento dos preços. Desde que o mercado sinalizou a escassez do fruto, os preços passaram a orientar a escolha dos consumidores. Como não havia tomates em quantidade suficiente para atender a todos, o mecanismo de preços selecionou quais consumidores teriam direito a consumi-los – naturalmente, aqueles que atribuíam maior valor ao produto e que, portanto, estavam dispostos a pagar mais caro para obtê-lo. Por meio desse exemplo, deduzimos que o mercado é livre.

Uma vez analisadas as três características básicas atribuídas à definição de um sistema econômico, podemos retomar à questão: Qual é o sistema econômico presente hoje no Brasil? Antes de concluirmos precipitadamente, vamos analisar mais um episódio recente, desta vez relacionado ao preço da gasolina. Principalmente se você for proprietário de um automóvel, é provável que tenha se inteirado da discussão acerca das intervenções do governo na Petrobras com o intuito de controlar o preço desse combustível. Dito isso, refazemos a pergunta: Qual é o sistema econômico presente hoje no Brasil?

Tratamos até agora de sistemas econômicos em suas formas puras. Contudo, se o mecanismo de preços atua concomitantemente às interferências do Estado, trata-se de um sistema heterogêneo, denominado de *sistema de economia mista*. Seguramente, nos dias de hoje não há qualquer país onde vigore o sistema capitalista em sua forma homogênea. Do mesmo modo, assim como surgiu um sistema em que as forças de mercado podem ser influenciadas pelo Estado, há, igualmente, um sistema socialista que contém características de uma economia de mercado – tal como a existência de propriedades privadas – conhecido por *socialismo de mercado* ou *capitalismo de estado*. Cuba e China figuram exemplos de países que convivem com esse sistema. O Quadro 1.1 sintetiza os sistemas que discutimos.

Quadro 1.1 – Sistemas econômicos

Capitalismo	Existência de propriedade privada dos meios de produção. Há classes sociais. As forças de mercado são livres, ou seja, o equilíbrio entre oferta e demanda ocorre por meio do mecanismo de preços.
Economia mista	Existência de propriedade privada dos meios de produção. Há classes sociais. As forças de mercado são relativamente livres, uma vez que podem ocorrer intervenções governamentais.
Socialismo	Existência de propriedades públicas dos meios de produção. Inexistem classes sociais. As forças de mercado estão sob controle de um órgão planejador central.
Socialismo de mercado ou Capitalismo de Estado	Regime político socialista coexistindo com capitalismo de mercado.

1.4 Problemas econômicos fundamentais

Cada sistema econômico fará uso de um ferramental próprio para solucionar os principais problemas econômicos relacionados à produção e à distribuição dos bens e serviços produzidos. As perguntas que guiam esse esquema são: O que produzir? Como produzir? Para quem produzir?

Além disso, temos que pensar: Algum país é autossuficiente? Algum país possui fatores de produção em quantidade suficiente para produzir tudo aquilo de que sua sociedade necessita? A resposta é não!

Mais uma vez as sociedades se defrontam com o problema da escassez. Daí a importância do comércio e a necessidade de que cada sociedade decida quais bens e serviços serão produzidos por meio de seus próprios fatores de produção e quais serão negociados com outros países.

Uma vez resolvido o primeiro problema, passaremos então ao segundo, ou seja, a forma de produção. Sobre essa questão, cabe decidir quais técnicas serão utilizadas para a produção, de acordo com o grau de tecnologia disponível – O processo será mais intensivo em mão de obra ou em capital?

Cabe ressaltar que, sob uma economia de mercado, a pergunta sobre o que produzir leva a uma decisão tomada com base na interação entre os agentes econômicos – as empresas produzirão aquilo que as famílias sinalizarem que desejam consumir. Diferentemente, a questão sobre como produzir representa uma decisão exclusivamente das empresas. Dadas as técnicas disponíveis, cada empresa empregará aquela que lhe possibilite maximizar a produção e minimizar seus custos. Já em uma *economia planificada*, como também é conhecida a economia socialista, ambas as resoluções ficam a cargo do órgão planejador central, o qual, ao deter as forças de oferta e demanda, traçará as metas e estabelecerá em detalhes os planos necessários para alcançá-las.

Por fim, a quem se destina a produção de uma sociedade? A todos? Será? Há alguma restrição, algo que distancie a produção de um país de sua população? Novamente, é preciso diferenciar os sistemas antes de solucionar esse último problema econômico essencial. Fundamentado na equidade e na cooperação, sob os sistemas de tendência socialista, tudo aquilo que é produzido deve ser apropriado por todos. Diversamente, no sistema capitalista, para fazer parte da sociedade de consumo, é preciso ter uma moeda de troca. O dinheiro advém, basicamente, de três fontes distintas: trabalho, herança ou transferências governamentais.

1.5 Fronteira de possibilidades de produção

Suponha uma economia como a brasileira: Quantos tipos de bens somos capazes de produzir? Alimentos, móveis, livros, veículos, itens de vestuário, calçados, entre tantos outros. Note que, apesar das nossas limitações e da escassez de recursos, ainda assim somos capazes de produzir uma infinidade de bens.

Agora, a fim de verificar as implicações das soluções apresentadas aos dois primeiros problemas econômicos fundamentais, vamos partir para um exemplo de fácil compreensão. Considere uma economia muito simplificada, cuja capacidade produtiva esteja limitada a únicos dois bens: pães e doces.

As quantidades máximas que essa economia é capaz de produzir de ambos os bens, com a utilização de todos os fatores de produção disponíveis, estão expressas na Tabela 1.1, que será comentada em seguida.

Tabela 1.1 – Possibilidades de produção

Possibilidades de produção	doces (kg)	pães (kg)
A	400	0
B	320	480
C	240	760
D	160	960
E	0	1200

A Tabela 1.1 apresenta cinco possibilidades de produção: enquanto nas opções B, C e D haverá produção de ambos os bens, as alternativas A e E dedicam-se exclusivamente à produção de um único bem, doces e pães, respectivamente. Nesse caso, qual representa a combinação ideal de produção? O melhor é escolher uma opção balanceada e garantir a produção de ambos os bens ou se concentrar em um deles? Talvez você possa ter ponderado o grau de essencialidade dos produtos e concluído que o ideal é produzir mais pães do que doces. Quanto à primeira questão, as diferentes combinações apresentadas na tabela foram obtidas por meio do critério da eficiência, portanto, elas consideram que todos os recursos disponíveis estão sendo utilizados. Quanto ao segundo questionamento, tal ponderação deve ser descartada, uma vez que adotamos esses dois bens aleatoriamente, ou seja, quaisquer outros poderiam ter sido escolhidos, como arroz e feijão.

Agora, todos os dados da tabela serão representados no gráfico a seguir.

Gráfico 1.1 – Fronteira de possibilidades de produção

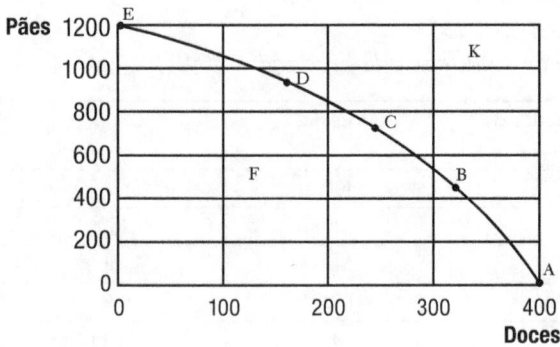

O eixo x horizontal representa a produção de doces; o eixo y vertical, a produção de pães. Todas as possibilidades de produção se situam sobre a fronteira, que, ao representar a capacidade máxima de produção de uma economia hipotética, reflete novamente a motivação intrínseca à ciência econômica, qual seja, o *trade off* entre produção e escassez. Ademais, o gráfico evidencia o custo de oportunidade inerente à escolha: produzir mais pães implica, necessariamente, obter menos doces, e vice-versa.

A fim de que não haja dúvidas, fazendo uso dos dados da Tabela 1.1, suponha que, inicialmente, nossa economia tenha decidido produzir no ponto B – 320 quilos de doces e 480 quilos de pães. Porém, em outro momento, resolve alternar e produzir no ponto C – 240 quilos de doces e 760 quilos de pães. Há um custo de oportunidade nessa alteração?

É evidente que sim, pois, para produzir 280 quilos a mais de pães, foi preciso abrir mão de 80 quilos de doces. Por que razão isso acontece? Suponha que haja nessa economia 100 pessoas dispostas a trabalhar e que, no ponto B, elas estivessem distribuídas igualmente entre ambas as atividades produtivas. Para que a produção pudesse ser alterada, foi necessário que 10 pessoas deixassem de produzir doces e passassem a produzir pães.

Note que, além das cinco alternativas da tabela, há, no Gráfico 1.1, duas adicionais: os pontos F e K. O ponto F e qualquer outro que pudesse ser representado abaixo da fronteira de possibilidades de produção representariam uma situação de ineficiência. Isso quer dizer que há fatores de produção que estão ociosos. Crises econômicas ou catástrofes naturais constituem bons exemplos para ilustrar tal localização.

Por sua vez, o ponto K expressa uma capacidade produtiva impossível para essa economia, dados os fatores de produção dos quais ela dispõe nesse momento. Mesmo assim, o ponto K, que hoje é inatingível, poderá ser alcançado no futuro. Seguem as duas principais estratégias e seus desdobramentos para que ele seja atingido:

› aumento da quantidade de fatores de produção, decorrente de fluxos imigratórios ou da descoberta de fontes de recursos naturais, por exemplo;

› ganhos de produtividade, ou seja, produzir mais com a mesma quantidade de recursos, devido a inovações tecnológicas ou à qualificação da mão de obra.

O Gráfico 1.2 sintetiza as questões até aqui abordadas.

Gráfico 1.2 – Fronteira de possibilidades de produção – resumo

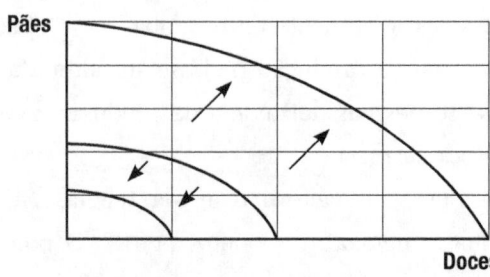

Crescimento econômico

Fontes:
> Aumento da quantidade física dos fatores de produção
> Ganhos de produtividade: tecnologia; qualificação da mão de obra

Recessão econômica

Fontes:
> Instabilidades macroeconômicas
> Catástrofes naturais

As economias, de modo geral, situam-se abaixo da fronteira de possibilidade de produção, pois dificilmente seus fatores de produção estão sendo plenamente utilizados. Desse modo, quanto mais a produção de uma economia se aproxima de sua oferta potencial ou mesmo a ultrapassa, ou seja, aproxima-se de sua fronteira, entendemos que houve crescimento econômico.

Síntese

É muito comum que os estudantes associem economia unicamente a dinheiro, poupança e matemática. Neste capítulo, pudemos perceber quão amplo é o foco de análise dessa ciência. Aprendemos os diversos tipos de sistemas econômicos existentes e nos detivemos no funcionamento de uma economia de mercado.

Ampliamos nosso conhecimento acerca da ciência econômica, identificando seus três problemas econômicos fundamentais – O que e quanto produzir? Como produzir? Para quem produzir? – e a quem cabe resolvê-los em cada um dos sistemas econômicos.

Por fim, utilizamos uma representação gráfica (Gráfico 1.2) da fronteira de possibilidades de produção para simular as escolhas e os custos incorridos por uma economia ao tentar encontrar a forma mais eficiente de alocar recursos escassos. Fizemos isso em três situações distintas: quando essa economia apresenta capacidade ociosa, quando atinge o pleno emprego do uso de seus fatores de produção e, ao atingi-lo, quais as maneiras possíveis de ultrapassá-lo.

Questões para revisão

1. Defina *economia* com base nos seguintes termos: *escolha*, *escassez* e *necessidades ilimitadas*.

2. Quais os problemas econômicos fundamentais e a quem cabe resolvê-los nos sistemas econômicos capitalista e socialista?

3. Indique se as afirmações a seguir são verdadeiras (V) ou falsas (F):

( ) O custo de oportunidade consiste em algo que foi preterido ao se fazer uma escolha.

( ) Eficiência e equidade são atributos interligados, sempre presentes em todo processo produtivo.

( ) Os problemas econômicos fundamentais referem-se, exclusivamente, às sociedades organizadas sob o sistema capitalista.

( ) As forças de mercado – oferta e demanda – correspondem, respectivamente, à produção e ao consumo de bens e serviços.

( ) Aumentos salariais enfraquecem o argumento de que as necessidades humanas são ilimitadas.

( ) Os fatores de produção podem ser sintetizados em: terra, trabalho e capital.

Agora, assinale a alternativa que corresponde à sequência obtida:

a) F, F, V, V, F, V.
b) V, V, V, F, V, V.
c) V, F, F, V, F, V.
d) V, V, F, F, F, F.

4. Assinale a alternativa correta quanto à fronteira de possibilidades de produção:

a) Somente países em desenvolvimento se encontram em posições abaixo da fronteira de possibilidades de produção.

b) Todos os pontos localizados sobre a fronteira de possibilidades de produção são igualmente eficientes, uma vez que os fatores de produção estão sendo plenamente utilizados.

c) Pontos além da fronteira de possibilidades nunca poderão ser atingidos.

d) A fronteira de possibilidades de produção representa a produção de uma economia desenvolvida.

e) Os pontos da fronteira em que há produção de um único produto não podem ser considerados eficientes.

5. Assinale a alternativa correta quanto aos sistemas econômicos:

a) Como o próprio nome diz, as questões que envolvem os *sistemas econômicos* se restringem à economia.

b) Nos sistemas de economia mista, há também a figura do órgão planejador central.

c) Todo sistema econômico em que ocorrem intervenções governamentais deve ser classificado como *capitalismo de Estado*.

d) A não existência de classes sociais é a única diferença entre os sistemas capitalista e socialista.

e) No capitalismo, as forças de mercado são livres, sendo intermediadas pelo mecanismo de preços.

Questão para reflexão

1. Explique o impacto da descoberta de petróleo na camada do pré-sal, anunciada em meados de 2007 pela Petrobras, quanto ao posicionamento da Fronteira de Possibilidades de Produção (FPP) brasileira e quanto ao crescimento econômico. Para tanto, analise tal descoberta segundo as três perspectivas oferecidas pela FPP: abaixo da curva, sobre a curva ou acima da curva. Em seguida, escolha o posicionamento mais adequado e justifique-o.

2
microeconomia – introdução
Pedro Augusto Godeguez da Silva

conteúdos do capítulo

> Conceito de demanda e oferta.
> Relação do preço com a quantidade demandada e ofertada.
> Efeito renda e substituição.
> Determinantes da demanda e da oferta.
> Equilíbrio de mercado.

após o estudo deste capítulo, você será capaz de:

1. conceituar teoricamente demanda e oferta;
2. interpretar a relação entre quantidade demandada, quantidade ofertada e preço;
3. interpretar os determinantes da demanda e da oferta;
4. representar gráfica e matematicamente demanda e oferta linear;
5. compreender os deslocamentos das curvas de demanda e de oferta;
6. compreender o equilíbrio de mercado entre oferta e demanda.

O objeto de estudo da microeconomia está intimamente ligado à questão da escassez. Como empresas e indivíduos tomam decisões em um mundo em que os recursos são limitados e cada escolha implica alguma renúncia? Não é possível ter todas as coisas, motivo pelo qual tanto consumidores quanto vendedores precisam fazer as melhores escolhas possíveis em relação ao que consumir e ao que vender. Como verificamos no Capítulo 1, em economia a relação entre escolhas e renúncias é chamada de *trade-off*. Em outras palavras, quando se escolhe produzir ou consumir determinado produto, simultaneamente deixa-se de consumir ou produzir outros produtos.

Como a economia está no campo das ciências sociais, não é possível analisar, interpretar ou prever todos os fatores que influenciam cada uma das escolhas. Na química, por exemplo, é possível afirmar com 100% de precisão que, se ligarmos dois átomos de hidrogênio com um átomo de oxigênio (H_2O), teremos uma molécula de água. Em economia, não podemos prever, com a mesma precisão, como os consumidores ou os vendedores se comportariam diante de determinada situação – portanto, há uma grande dose de subjetividade com que precisamos aprender a lidar.

Para facilitar o estudo da economia, os economistas desenvolveram uma série de técnicas e metodologias. É muito comum ouvirmos esses profissionais falarem de modelos econômicos, mas, afinal de contas, o que é um modelo? Um *modelo* nada mais é do que uma simplificação da realidade, um conjunto de premissas que nos permite compreender e explicar certos fenômenos e comportamentos econômicos da melhor maneira possível.

Sabemos que não é possível prever o comportamento de cada consumidor, na medida em que cada indivíduo possui um conjunto de fatores que determina suas escolhas, entre eles, preferências e renda. Da mesma maneira, não podemos prever o comportamento estratégico de cada empresa, visto que as estruturas organizacionais são diferentes, assim como os produtos oferecidos, os custos e a eficiência.

Os modelos ajudam a controlar a enorme gama de variáveis e possibilidades, explicando a realidade de maneira simplificada. Em virtude da necessidade de simplificação, é muito comum, diante dos modelos econômicos, ouvirmos a expressão: *ceteris paribus*, ou "tudo o mais constante". Dessa maneira, por mais que consigamos imaginar os diversos fatores que influenciam, por exemplo, a compra de um produto, tudo o mais constante (*ceteris paribus*), podemos afirmar que a compra desse produto depende do seu preço no mercado.

Na microeconomia, simplificamos a realidade dizendo que existem dois atores fundamentais: os consumidores e os produtores. Podemos afirmar que os consumidores dependem de seu orçamento para consumir; como a renda é limitada, cada consumidor buscará a maior utilidade possível com a aquisição de determinado produto. Portanto, faz sentido constatar que os consumidores decidem consumir ou não consumir pensando em maximizar a utilidade que um produto, geralmente levando em consideração uma restrição orçamentária. No lado dos produtores, as empresas vão buscar maximizar seus lucros. No entanto, devem levar em consideração os custos de produção, assim como identificar que tipo de produto os consumidores estão dispostos a comprar e quanto estão dispostos a pagar.

Essa relação entre consumidores e produtores ocorre no que chamamos de *mercado*, cujas interações serão regidas pelo preço que os consumidores estão dispostos a pagar para consumir e pelo preço que os produtores estão dispostos a vender.

Tendo por base a relação entre consumidores, produtores e suas escolhas, a microeconomia busca compreender a resposta de algumas questões centrais, já abordadas no Capítulo 1: O que produzir? Como produzir? Para quem produzir? Para responder a essas perguntas, primeiro devemos entender como os consumidores e os produtores se relacionam. Desse modo, observaremos essa relação por meio de um modelo teórico que, como já vimos, é uma simplificação da realidade. Inicialmente, analisaremos o lado dos consumidores (demanda), para, em seguida, analisar o lado dos produtores (oferta). Por fim, veremos como essas duas forças se comportam em um mesmo mercado.

2.1 Demanda

Nossa proposta agora é a apresentação do conceito de *demanda*, bem como dos principais elementos norteadores de tal princípio, com destaque para a relação entre a quantidade demandada e o preço, além dos determinantes da demanda e do efeito substituição.

2.1.1 Definição e elementos iniciais

No campo da microeconomia, sempre que pensarmos na demanda (ou procura), devemos pensar nos consumidores. O que fazem eles em um sistema econômico? Exatamente, consomem! Como já visto no primeiro capítulo deste livro, as pessoas têm necessidades ilimitadas, porém os recursos são limitados (ou escassos). Assim, os consumidores vão buscar atender a algumas das suas necessidades consumindo bens e serviços oferecidos pelos produtores (oferta).

Pensando como consumidor, quando precisamos comprar algum produto, entramos em uma loja, escolhemos o que nos interessa, olhamos nos olhos do vendedor e a primeira coisa que perguntamos é: "Quanto custa?". Dependendo da resposta do vendedor, temos basicamente três opções. A primeira é achar o preço razoável e comprar o produto. A segunda é achá-lo barato, levar itens adicionais para a mãe, o irmão, a tia e deixar a família toda satisfeita. A terceira opção é considerá-lo caro e não levar nada.

É claro que muitos outros fatores influenciam a decisão de compra dos consumidores, além do preço absoluto de um bem. Entre eles, podemos citar:
> o preço dos outros bens (preços relativos);
> a renda do consumidor;
> os gostos e as preferências do consumidor;
> a sazonalidade;
> as condições de crédito;
> as perspectivas da economia;
> as condições climáticas.

Apesar desses diversos fatores importantes, perceba a força do preço dos bens e serviços para nos fazer comprar mais, menos ou desistir da compra. Esses outros fatores serão abordados adiante, mas, como modelo inicial, podemos dizer que a quantidade demandada* (ou consumida) depende do nível de preços, mantendo tudo o mais constante (*ceteris paribus*).

Dessa maneira, já chegamos a uma definição inicial do que é a *demanda*: são as diversas quantidades que os consumidores estariam dispostos a consumir, dependendo dos vários níveis de preços.

É muito comum os economistas simplificarem tal definição por meio de uma função matemática deste tipo:

$$QD = f(P)$$

em que QD indica as possíveis quantidades demandadas dependendo do preço (P) ou em função dele.

2.1.2 Lei geral da demanda

Já sabemos que as quantidades demandadas dependem dos níveis de preço, assim como, intuitivamente, notamos que a relação entre quantidade demandada e preços é inversa (ou negativa). Dessa maneira, quanto maior o preço, menor a quantidade demandada; ao contrário, quanto menor o preço, maior a quantidade demandada. Em outras palavras, quanto maior o preço, menos os consumidores estariam

---

* É importante não confundir o conceito de *quantidade demandada* com o conceito de *demanda*. A curva de demanda apresenta diversas combinações entre preços e quantidades demandadas.

dispostos a comprar, ou quanto menor o preço, mais os consumidores estariam dispostos a comprar.

É possível observar essa relação na Tabela 2.1, em que se registram as quantidades demandadas (unidades) que um determinado consumidor estaria disposto a consumir, dado um nível de preço (em unidades monetárias):

Tabela 2.1 – Escala da demanda por determinado produto

Preço ($)	Quantidade demandada (unidades)
1,00	11.000
3,00	9.000
6,00	6.000
8,00	4.000
10,00	2.000

Note que, à medida que os preços aumentam, a quantidade demandada diminui. Essa relação caracteriza a Lei Geral da Demanda, em que a quantidade demandada de um bem é a função inversa de seu preço.

Tal relação também pode ser representada graficamente, como ilustra o Gráfico 2.1.

Gráfico 2.1 – Gráfico de uma função linear da demanda

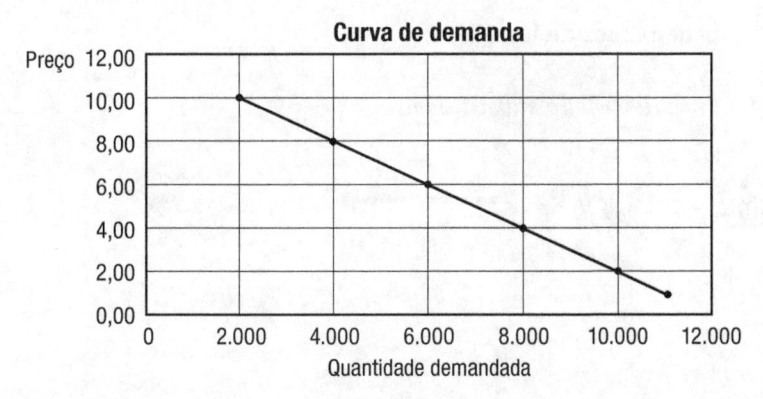

2.1.3 Os efeitos renda e substituição

Cabe ressaltar que a demanda (a curva como um todo) é um conjunto de pontos formados pelas possibilidades de combinações entre quantidades demandadas e determinados níveis de preços. Dessa maneira, a curva de demanda não representa o consumo de um consumidor, mas sim as possibilidades ou as intenções de um consumidor, dependendo dos preços no mercado.

A relação inversa entre quantidade demandada e níveis de preços faz com que a curva de demanda seja negativamente inclinada, fenômeno que pode ser explicado, basicamente, por dois efeitos:

> substituição;
> renda.

No efeito substituição, notamos que, se o consumidor pode substituir um produto "A" por um produto "B", quando o preço do produto "A" aumentar, a quantidade demandada do produto "B" também irá aumentar. Como ilustra a Figura 2.1, se o preço dos palitos de fósforo aumentar, os consumidores deverão comprar isqueiros em vez de palitos de fósforo; dessa maneira, o efeito substituição reduz a demanda de palitos de fósforo.

Figura 2.1 – Efeito substituição

Por sua vez, o efeito renda ocorre com a perda do poder aquisitivo do consumidor. Imagine que seu salário continue o mesmo em determinado período de tempo. Agora imagine que nesse mesmo período os preços dos produtos que você consome aumentaram significativamente. Obviamente, você vai conseguir consumir menos produtos, visto que seu salário não aumentou o suficiente para manter as mesmas quantidades consumidas antes do aumento dos preços. Como ilustra a Figura 2.2, caso os palitos de fósforo fiquem mais caros, com o menor poder aquisitivo, o consumidor comprará menos palitos de fósforo.

Figura 2.2 – Efeito renda

2.1.4 Deslocamentos da curva de demanda

Já compreendemos que as quantidades demandadas por determinado consumidor apresentam uma relação de dependência inversa com os preços. Também observamos que a curva de demanda relaciona diversas possibilidades de combinações entre preços e quantidades demandadas, dado que uma mudança no preço altera a quantidade demandada. Essas alterações são observadas ao longo da curva de demanda. No entanto, como veremos a seguir, além de alterações ao longo da curva, também são observados outros efeitos que fazem a curva de demanda como um todo se deslocar. Note as diferenças entre os deslocamentos ao longo da curva e os deslocamentos da curva nos gráficos a seguir:

Gráfico 2.1 – Deslocamentos ao longo da curva de demanda e deslocamento da curva de demanda

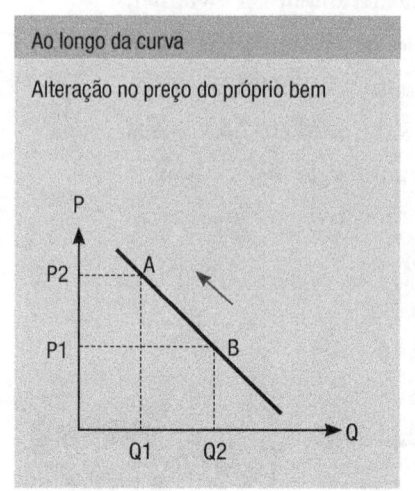

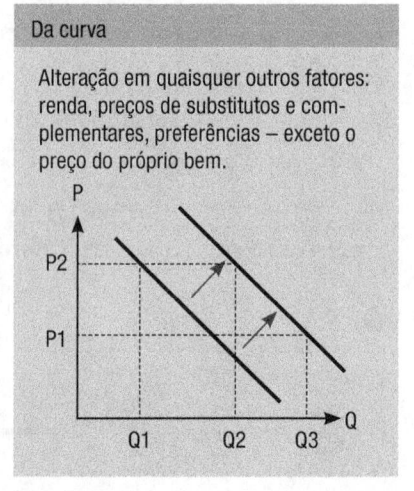

Ao longo da curva	Da curva
Alteração no preço do próprio bem	Alteração em quaisquer outros fatores: renda, preços de substitutos e complementares, preferências – exceto o preço do próprio bem.

Portanto, podemos afirmar que alterações no preço de um bem provocam alterações na quantidade demandada desse mesmo bem. Assim, outros fatores (que não o preço) podem deslocar a curva de demanda como um todo.

2.1.5 Determinantes da demanda e seus efeitos

Entre os determinantes da demanda, citamos: a renda do consumidor, as preferências dele, a sazonalidade, o preço dos produtos substitutos e complementares. Nesta seção, analisaremos os efeitos desses determinantes.

No caso do aumento da renda do consumidor, vamos imaginar que o indivíduo poderá consumir mais produtos com o mesmo nível de preços, como ilustra o Gráfico 2.2. Note que, ao mantermos o nível de preços inalterado (P1), uma maneira de representar um aumento no consumo do produto é deslocando a curva de demanda (D1) para a direita (D2). Desse modo, apesar de o preço não variar, o aumento de renda permite um aumento na quantidade demandada de Q1 para Q2.

Gráfico 2.2 – Efeito do aumento da renda de um consumidor, considerando um bem normal

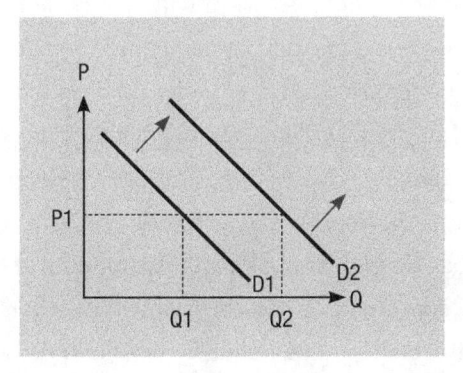

O exemplo ilustrado no Gráfico 2.2 caracteriza um bem do tipo normal, justamente aquele cuja demanda é aumentada quando há elevação da renda do consumidor. No entanto, existem outros tipos de bens, como os inferiores e os de consumo saciado, comentados a seguir.

Definem-se os bens inferiores como aqueles que, devido a um aumento na renda, o consumidor trocará por outro produto de melhor qualidade. Por exemplo: no caso de um aumento de renda, o consumidor poderá trocar a carne de segunda pela de primeira, ou o transporte público pelo carro próprio. Já os bens de consumo saciado são conceituados como aqueles em que, mesmo que haja uma variação na renda do consumidor, não ocorrerá uma mudança significativa em seu consumo. Imagine que um indivíduo tenha ganhado milhões em um bilhete de loteria; o que você acha que acontecerá com o consumo de sal desse indivíduo? De fato, ninguém usa mais sal só porque teve um aumento na renda. As preferências dos consumidores também podem provocar tal tipo de deslocamento da curva de demanda. Sabe-se que elas mudam ao longo do tempo, assim como dependem de uma série de fatores determinantes. Essas preferências (ou hábitos) podem ser alteradas por questões institucionais, como mudanças na legislação, ou mesmo por campanhas publicitárias. Como exemplo, podemos analisar os efeitos hipotéticos da aprovação da Lei Seca na demanda por bebidas alcoólicas nos bares e na demanda por serviços de táxi de determinado consumidor. Com a aprovação da Lei Seca e o lançamento da campanha "Se beber, vá de táxi", assumindo-se que o motorista seja consciente e não dirija quando beber, a expectativa é a de que haja uma queda no consumo de bebida alcoólica ou um aumento na demanda por serviços de táxi. É o que ilustra o gráfico a seguir.

Gráfico 2.3 – Efeitos da lei seca na demanda por bebidas alcoólicas e por serviços de táxi

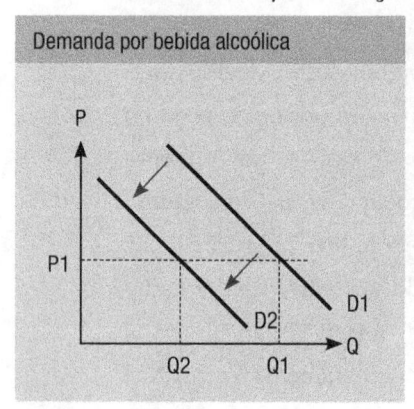

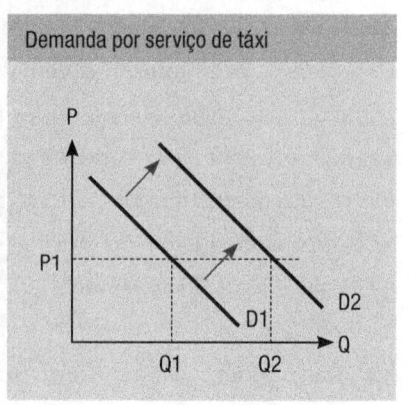

A sazonalidade também influencia a demanda. Faz sentido afirmar que no verão aumenta a demanda por sorvete e ventiladores, que no Carnaval aumenta a demanda por viagens para a Bahia (ou para o Rio de Janeiro) ou que no inverno aumenta a demanda por casacos, blusas de lã ou cachecóis.

Além dos efeitos apresentados até aqui, também é importante analisar os efeitos dos produtos substitutos e complementares. Caracterizam-se os produtos substitutos como aqueles que o consumidor pode trocar sem haver grandes prejuízos em sua satisfação, por exemplo: manteiga e margarina; chá e café; Pepsi® e Coca-Cola®; carne de frango e carne bovina.

Observe, no Gráfico 2.4, que o mercado de manteiga apresenta um preço (P1) maior que o preço (P1) do mercado de margarina. Como podem ser considerados produtos substitutos para determinado consumidor, observamos uma queda da curva de demanda no mercado de manteiga (curva de demanda desloca-se para a esquerda, de D1 para D2), reduzindo as quantidades demandadas de manteiga de Q1 para Q2.

Em compensação, no mercado de margarina, observamos o efeito inverso. Há um aumento no consumo de margarina (curva de demanda se desloca para a direita, de D1 para D2), elevando a quantidade demandada de margarina de Q1 para Q2. Isso ocorre justamente pelo fato de o consumidor, dado uma elevação do preço de um bem (ou serviço), buscar alternativas para compensar esse aumento de preço. Uma dessas alternativas é buscar por produtos substitutos. Portanto, sempre que houver uma relação direta (ou positiva) entre o preço de um produto "A" e a quantidade de um produto "B", podemos dizer que existe algum grau de substituição entre eles.

Gráfico 2.4 – Efeito substituição entre manteiga e margarina

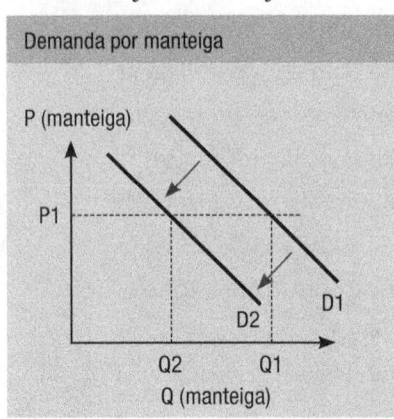

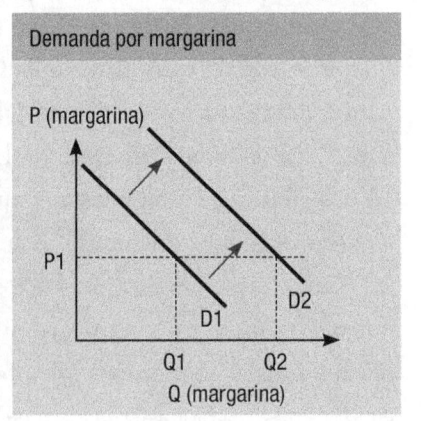

Demanda por manteiga	Demanda por margarina
P (manteiga), P1, D2, D1, Q2, Q1, Q (manteiga)	P (margarina), P1, D1, D2, Q1, Q2, Q (margarina)

Já os produtos complementares, como o próprio nome sugere, são aqueles consumidos em conjunto, por exemplo: pão e manteiga; impressoras e seus cartuchos; computadores e *softwares*; *videogames* e jogos; guitarras e amplificadores. Isso significa que, quando há alterações no preço de um bem, existe um efeito correspondente em seu complementar. O efeito de mudanças no preço de um produto "A" e na quantidade de seu complementar "B" é exatamente o contrário do que ocorre com os produtos substitutos.

Se nos bens substitutos um aumento no preço de "A" aumenta a demanda pelo bem "B" (porque o consumidor trocou "A" por "B"), nos bens complementares um aumento no preço de "A" provoca reduções na demanda por "B". Isso se justifica pelo fato de que, com o aumento no preço de "A", o consumidor compra menos do bem "A", e como "A" é consumido em conjunto com "B", a demanda por "B" também diminui. Para entender melhor, observe o exemplo do Gráfico 2.5, em que se ilustram os efeitos de um aumento de preço dos *videogames* no mercado de jogos para *videogame*.

Gráfico 2.5 – Produtos complementares, aumento no preço de um videogame *e o mercado de jogos para este*

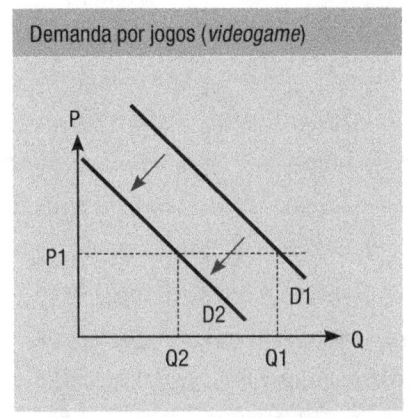

[Demanda por jogos (*videogame*): gráfico com curva deslocando-se de D1 para D2, com P1 fixo, quantidade caindo de Q1 para Q2]

Imagine que o preço de determinado *videogame* tenha sofrido uma grande elevação. A expectativa é que a demanda pelo produto se reduza. Por esse motivo, como menos consumidores o terão, menor será a demanda para os jogos compatíveis. Portanto, a relação entre o preço de um bem e a demanda pelo seu complementar é inversa: quando o preço de "A" aumenta, a demanda por "B" diminui.

2.2 Oferta

Agora, conheceremos a definição de oferta, bem como os elementos que norteiam seu estudo, com destaque para a relação entre preço e quantidade ofertada e para os determinantes da oferta.

2.2.1 Definição e elementos iniciais

Ao analisarmos a oferta, devemos pensar como produtores, ou seja, como quem deseja vender (ofertar) bens e serviços no mercado. Como definição inicial, podemos dizer que a oferta é a quantidade de bens e serviços que os produtores (ou ofertantes) desejam vender, dependendo do nível de preços, em determinado período de tempo. Assim como na demanda, sabemos que existem outros fatores determinantes da oferta (que serão estudados adiante), mas, como modelo inicial, é válido afirmarmos que a quantidade ofertada depende do preço, mantendo tudo o mais constante (*ceteris paribus*).

Ao contrário da demanda, que apresenta relação inversa (ou negativa) entre quantidade demandada e nível de preços, a oferta apresenta uma relação direta (ou positiva) entre quantidade ofertada e nível de preços. Se pelo lado da demanda faz sentido afirmar que, quanto maior o preço de um bem, menor quantidade os consumidores demandarão, do lado da oferta o raciocínio é o mesmo, mas com efeitos diferentes. Para os ofertantes, quanto maior o preço, maiores quantidades eles gostariam de vender (ou ofertar). O inverso também é verdadeiro, de modo que, quanto menor o preço de um bem no mercado, menos dispostos a vendê-lo os ofertantes estarão.

Em outras palavras, se de um lado os consumidores estão propensos a demandar maiores quantidades quando o nível de preços está mais baixo, os ofertantes estão propensos a vender maiores quantidades quando os seus produtos alcançam níveis mais elevados de preços no mercado. Essas duas forças estão em constante movimento, com interesses opostos, mas formando um mesmo mercado.

2.2.2 A curva de oferta e seus deslocamentos

Já sabemos que a oferta representa a quantidade de bens e serviços que os produtores estão dispostos a vender em determinado período de tempo. Sabemos também que a relação entre preço e quantidade ofertada é direta, levando a curva de oferta a uma inclinação positiva, conforme pode ser observado no Gráfico 2.6.

Gráfico 2.6 – Representação gráfica da curva de oferta

Curva de oferta

Da mesma maneira que observamos na demanda, a curva de oferta representa diversas combinações possíveis entre níveis de preços e quantidades ofertadas, sendo que, para cada nível de preço, os ofertantes estão dispostos a vender determinada quantidade de seus bens e serviços.

Desse modo, alterações no nível de preço provocam alterações ao longo da curva, e outros determinantes da oferta – como custos dos insumos de produção, tecnologia, expectativas da economia, sazonalidade e preço de bens substitutos na produção – provocam deslocamentos da curva como um todo, como pode ser observado no Gráfico 2.7.

Gráfico 2.7 – *Diferenças entre deslocamentos ao longo da curva de oferta e da curva de oferta*

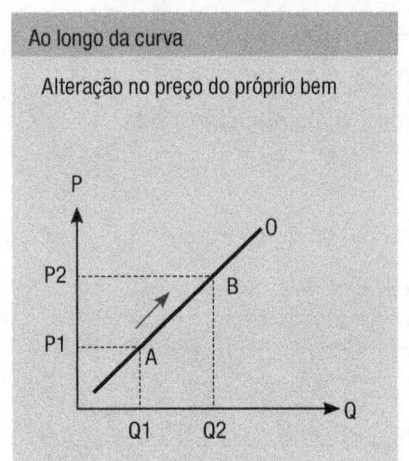

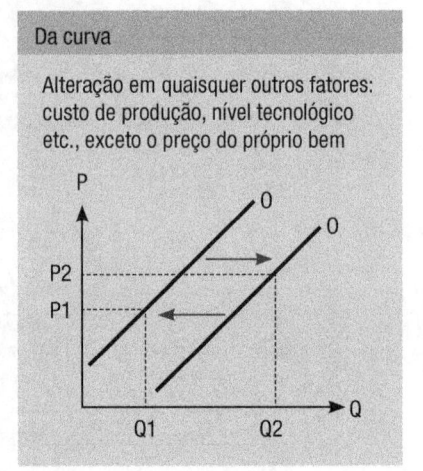

Ao longo da curva	Da curva
Alteração no preço do próprio bem	Alteração em quaisquer outros fatores: custo de produção, nível tecnológico etc., exceto o preço do próprio bem

Para compreender melhor os efeitos que geram deslocamentos da curva de oferta como um todo, é preciso investigar seus determinantes. A seção a seguir centra-se nessa discussão, assim como apresenta alguns exemplos gráficos para ilustrar tais deslocamentos.

2.2.3 Determinantes da oferta e seus efeitos

Como vimos na seção anterior, o nível de preços tem efeito direto sobre a quantidade ofertada pelos vendedores em uma economia. No entanto, outros fatores são determinantes para compreender as movimentações da oferta no mercado, podendo-se destacar:

› o preço dos insumos de produção, que leva em consideração a estrutura de custos da empresa (mão de obra, máquinas e equipamentos, matéria-prima, entre outros);

› o preço de outros bens que possam oferecer algum grau de substituição na produção;

› o número de empresas no mercado;

› a tecnologia.

Como primeiro caso, vamos sugerir um aumento nos custos de produção de uma empresa ofertante no mercado. Imagine que a matéria-prima fundamental para a produção de determinado produto aumentou significativamente. Logo, no curto prazo, a empresa não terá a mesma quantidade de insumos de que dispunha antes do aumento do preço. Por esse motivo, ela não conseguirá ofertar as mesmas quantidades de que era capaz antes do aumento do preço do insumo. Observe no Gráfico 2.8 a representação gráfica do deslocamento da curva de oferta para esse exemplo.

Gráfico 2.8 – *Representação gráfica do aumento dos custos de produção e seus efeitos para o deslocamento da curva de oferta*

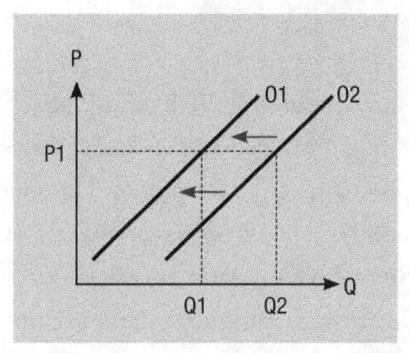

Note que a empresa tem sua curva de oferta reduzida de O1 para O2, independentemente do nível de preço no mercado (P1). Com o aumento dos custos de produção, a empresa reduziu as quantidades que estaria disposta a ofertar, de Q1 para Q2.

No entanto, no trimestre seguinte, a mesma empresa se beneficiou da implementação de uma tecnologia que gerou grandes ganhos de produtividade, derrubando os custos e aumentando a capacidade de produção. Qual seria o resultado esperado sobre a oferta após os ganhos gerados pela tecnologia? O Gráfico 2.9 mostra o deslocamento positivo da oferta, que alterou a quantidade ofertada de Q1 para Q2 quando a curva de oferta se deslocou de O1 para O2:

Gráfico 2.9 – Efeitos dos ganhos de eficiência com tecnologia sobre a curva de oferta

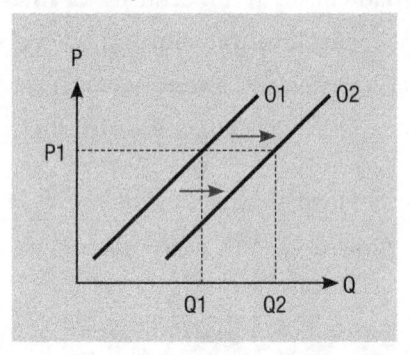

Agora imagine que um agricultor cultive milho. Atento ao mercado, ele percebe que o preço do algodão está aumentando. Portanto, para aproveitar a alta de preços, ele pode substituir o cultivo de milho pelo de algodão, visando aumentar os seus ganhos. Se realmente tomar essa decisão, a expectativa é a de que a oferta de milho diminua e a de algodão aumente. Observe a seguir a representação gráfica do que aconteceria com a oferta de milho, caso o produtor tomasse essa decisão.

Gráfico 2.10 – Efeitos do aumento do preço do algodão sobre a oferta de milho

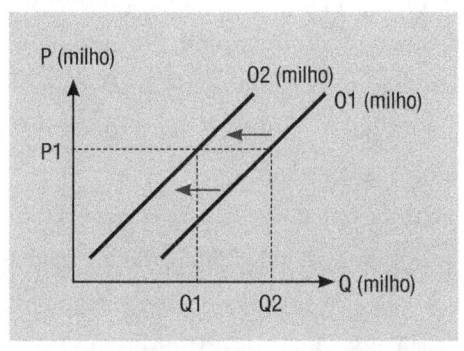

2.3 Equilíbrio de mercado

Passaremos, agora, ao estudo da relação entre consumidores e vendedores no mesmo mercado, considerando as questões relacionadas à oferta e à demanda. Note que há um conflito de interesses entre demandantes e ofertantes. Se, por um lado, os demandantes gostariam de comprar mais por um preço menor, os ofertantes gostariam de vender mais por um preço maior. Veja nesta seção como o mercado equilibra esses conflitos.

2.3.1 Definição e elementos iniciais

Até aqui, estudamos separadamente duas das principais forças controladoras da economia, a demanda e a oferta, que representam, respectivamente, os consumidores e os vendedores (ou produtores). Como sabemos, consumidores e vendedores posicionam-se de maneira oposta em relação ao nível de preços no mercado. Se, por um lado, os consumidores desejam aumentar suas quantidades demandadas quando o preço diminui, por outro, os vendedores desejam ofertar menos quando o preço diminui. No caso de o preço aumentar, obviamente os consumidores desejariam demandar menores quantidades, enquanto os vendedores desejariam ofertar maiores quantidades.

Neste tópico, estudaremos justamente esta relação: Como consumidores e vendedores se relacionam no mesmo mercado? Existe algum nível de preços que leve consumidores e vendedores à satisfação? Quais os efeitos de um excesso de demanda? Quais os efeitos de um excesso de oferta? Quais os mecanismos de correção desses excessos? Esses são exemplos de questões que estaremos aptos a compreender e discutir ao fim deste tópico.

Se as forças compradoras (demanda) e as forças vendedoras (oferta) têm visivelmente interesses distintos, como elas se equilibram no mercado? Esse equilíbrio ocorrerá quando, para determinado nível de preço, tanto as quantidades ofertadas quanto as demandadas forem iguais. Nesse ponto, como tudo que é ofertado é demandado, não são observadas pressões ou mesmo excessos de demanda ou de oferta.

Na Gráfico 2.11 podemos observar o ponto de equilíbrio formado pelo nível de preços (P) e pela quantidade (Q). Observe que, quando temos o nível de preços P, tanto as quantidades ofertadas quanto as quantidades demandadas são iguais em Q. Note que, em quaisquer outros níveis de preço que não seja o preço de equilíbrio (P), as quantidades ofertadas e demandadas seriam diferentes.

Observe também que esse único ponto, em que as quantidades ofertadas e demandadas são iguais, é formado pelo encontro das duas curvas (demanda e oferta). Dessa maneira, o ponto de equilíbrio é resultado do encontro das curvas de oferta e de demanda, em que, em determinado nível de preço, as quantidades demandadas e ofertadas são iguais:

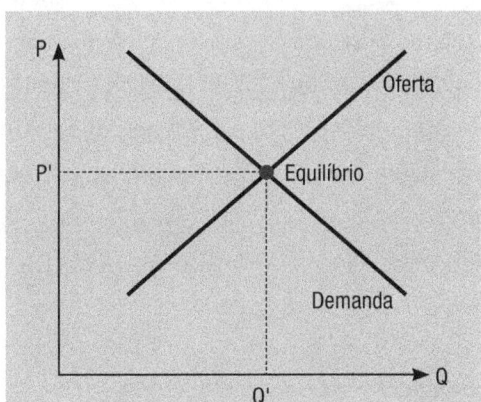

Gráfico 2.11– Equilíbrio de mercado

Também podemos encontrar o equilíbrio de mercado recorrendo à matemática. Como representamos graficamente a oferta e a demanda em uma função linear, representada pela equação da reta do tipo **y = a + bx**, basta compreendermos elementos básicos da matemática para encontrar o preço e a quantidade de equilíbrio.

Sabemos que a quantidade demandada está em função do preço, pois, quando este aumenta, a quantidade demandada diminui; já quando o preço diminui, a quantidade demandada aumenta. Sabemos também que, na demanda, a relação entre preço e quantidade demandada é inversa (ou negativa), portanto, o sinal da função linear da demanda seria negativo, do tipo: y = a − bx.

Já na oferta, sabemos que a relação entre quantidade ofertada e nível de preço é direta (ou positiva), de maneira que, quando há aumento nos preços, a quantidade ofertada aumenta, e quando há redução nos preços, a quantidade ofertada diminui. Assim, o sinal da função linear da oferta seria positivo, do tipo: y = a + bx.

Agora podemos incluir na função linear as variáveis econômicas que desejamos estudar. Assim, vamos chamar **y** de *quantidade ofertada* ou *quantidade demandada* e **x** de *preço*. Lembrando que **a** representa o coeficiente linear e **b** o coeficiente angular da função. Dessa maneira, teremos as seguintes funções:

1. QDx = a − bPx
2. QOx = a + bPx

em que:
- QDx = Quantidade demandada do bem x.
- QOx = Quantidade ofertada do bem x.
- Px = Preço do bem x.
- a = Coeficiente linear – intercepto da função.
- b = Coeficiente angular – declividade da função.

Considerando as funções lineares de oferta e demanda, para encontrarmos o preço e a quantidade de equilíbrio no mercado, basta assumir a condição de que, no equilíbrio, as quantidades demandadas e ofertadas são iguais. Dessa maneira, como as funções medem justamente as quantidades (demandas e ofertadas) em dependência dos preços, basta igualar as funções de oferta e demanda para que seja possível encontrar os valores de equilíbrio.

Mas o que aconteceria nesse mercado se houvesse um aumento no nível de preço? No Gráfico 2.12, podemos observar esse efeito. Note que, ao aumentar o preço de P (preço de equilíbrio) para o preço P1, as quantidades demandadas e ofertadas não são mais iguais. Em vez de termos a quantidade de equilíbrio em Q, teremos quantidades diferentes para a oferta e para a demanda.

De fato, seguindo as teorias que vimos até aqui, com um aumento de preço, os consumidores tenderiam a reduzir suas quantidades demandadas, enquanto os vendedores tenderiam a aumentar suas quantidades ofertadas. Retomando o Gráfico 2.12, vemos que é exatamente o que acontece: com o aumento de preço para P1, a quantidade demandada diminuiu de Q' para QD, enquanto a quantidade ofertada aumentou de Q' para QO.

Observamos, então, que, em relação ao preço P1, os vendedores estariam dispostos a ofertar mais, enquanto os consumidores estariam dispostos a demandar menos. Podemos afirmar, portanto, que, quanto ao preço P1, haveria uma quantidade ofertada maior do que uma quantidade demandada. Isso significa que existiriam mais produtos no mercado do que os consumidores estariam dispostos a consumir; em outras palavras, haveria um excesso de oferta.

Mas quais seriam os impactos de tal excesso? Como o mercado poderia se reequilibrar? Podemos assumir a hipótese de que, quando há produtos ofertados em excesso, as empresas formam estoques, o que aumenta os seus custos. Como essa situação é insustentável no longo prazo, as empresas tendem a reduzir o preço, possibilitando que o equilíbrio de mercado volte a ser estabelecido em P. Acompanhemos tais colocações no gráfico a seguir:

Gráfico 2.12 – Mudança no preço de equilíbrio e excesso de oferta

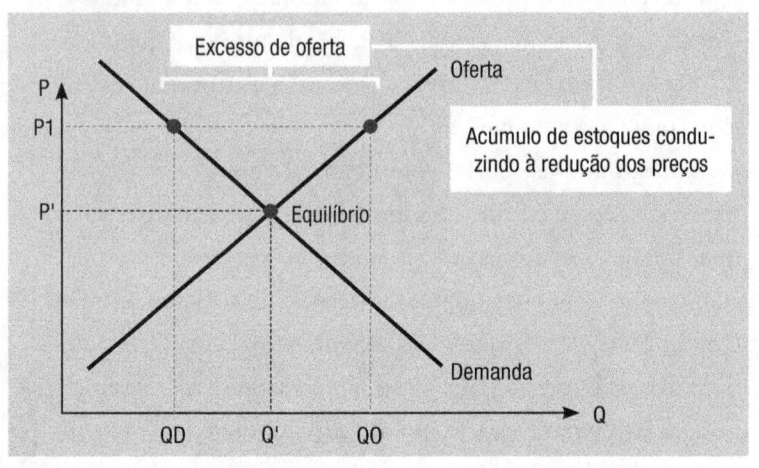

[Gráfico: curvas de Oferta e Demanda mostrando P1 acima de P' (Equilíbrio), com Excesso de oferta entre QD e QO, e indicação "Acúmulo de estoques conduzindo à redução dos preços"]

Mas, e se, ao invés de um aumento, propuséssemos uma redução no nível de preço, quais seriam os efeitos no mercado?

A teoria que estudamos até o momento indica que, quando há uma redução de preços, os consumidores estão dispostos a demandar maiores quantidades, enquanto os vendedores estão dispostos a ofertar menores quantidades. Esse efeito pode ser observado no Gráfico 2.13. Note que a redução de P' para P2 indica um nível de preço abaixo do preço de equilíbrio. Nessa situação, como os preços diminuíram, os consumidores estariam dispostos a aumentar suas quantidades demandadas de Q' para QD; por outro lado, os vendedores estariam dispostos a ofertar a quantidade QO, menor que a quantidade Q' ofertada anteriormente no preço de equilíbrio.

Como observamos, nesse cenário as quantidades demandadas seriam maiores que as ofertadas. Em outras palavras, o desejo de demandar dos consumidores seria maior que o desejo de ofertar dos vendedores. Portanto, haveria um excesso de demanda, o que poderia acarretar uma falta de produtos no mercado. Porém, quando há ausência de produtos no mercado – e, consequentemente, o produto torna-se escasso –, os consumidores tornam-se dispostos a pagar mais por ele. Assim, tal produto tenderá a valorizar e aumentar seu preço no mercado, fazendo com que este volte para a situação de equilíbrio vista anteriormente. Notemos tais observações no gráfico a seguir:

Gráfico 2.13 – Mudança no preço de equilíbrio e excesso de demanda

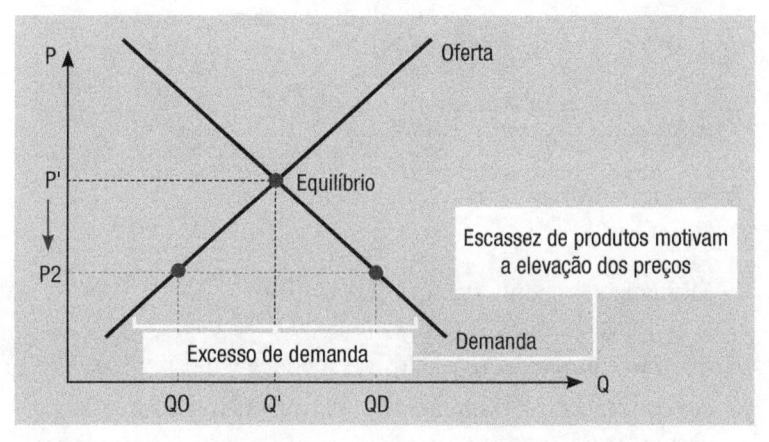

[Gráfico: eixo P (vertical) e Q (horizontal); curvas de Oferta e Demanda cruzando-se no ponto Equilíbrio em P'; P2 abaixo de P'; QO, Q' e QD no eixo horizontal; indicação de "Excesso de demanda" entre QO e QD; caixa de texto: "Escassez de produtos motivam a elevação dos preços"]

As forças vendedoras e compradoras estão sempre em movimento no mercado, característica dinâmica que permite a ele se ajustar e tender ao equilíbrio. Como visto, quando há um excesso de oferta, o preço de determinado produto tende a se reduzir; do mesmo modo, quando há um excesso de demanda, o preço do produto tende a se valorizar. Tais movimentações entre oferta e demanda são equilibradas pelo nível de preços no mercado. O Gráfico 2.14 apresenta tanto os efeitos de um excesso de demanda quanto de um excesso de oferta.

Gráfico 2.14 – Equilíbrio de mercado – excessos de oferta e demanda

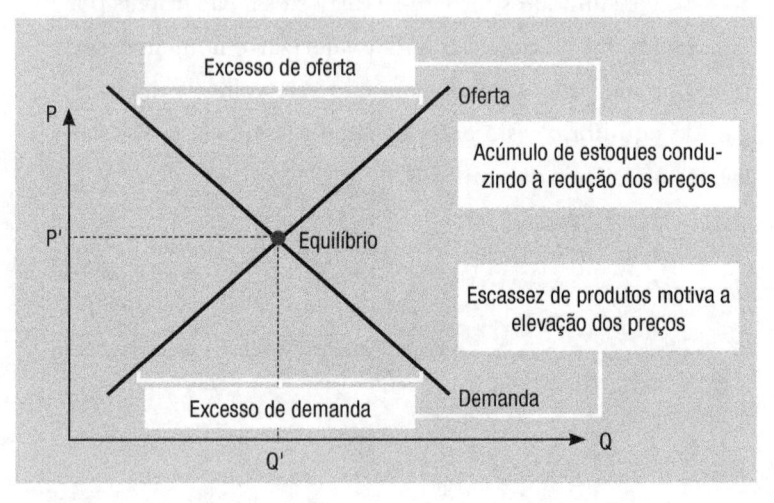

![Gráfico 2.14: curvas de oferta e demanda mostrando ponto de equilíbrio, com regiões de excesso de oferta (acima do equilíbrio, acúmulo de estoques conduzindo à redução dos preços) e excesso de demanda (abaixo do equilíbrio, escassez de produtos motiva a elevação dos preços). Eixos P (vertical) e Q (horizontal), com P' e Q' indicando o equilíbrio.]

2.3.2 Mudanças no ponto de equilíbrio

Agora que estudamos os efeitos de mudanças no nível de preços de mercado e avaliamos as consequências dos excessos de oferta e de demanda, podemos investigar quais seriam os efeitos no mercado caso houvesse deslocamentos das curvas de oferta e de demanda. Como já vimos, são diversos os fatores que podem fazer as curvas de oferta e demanda se deslocarem, entre eles, a sazonalidade, as preferências e a renda dos consumidores, além dos custos de produção das empresas.

No exemplo 1, vamos ilustrar os efeitos do aumento da renda de um consumidor, considerando que nesse mercado o bem seja do tipo normal e que as demais variáveis obedeçam à condição de *ceteris paribus*.

Exemplo 1 – Efeitos do aumento da renda de um consumidor

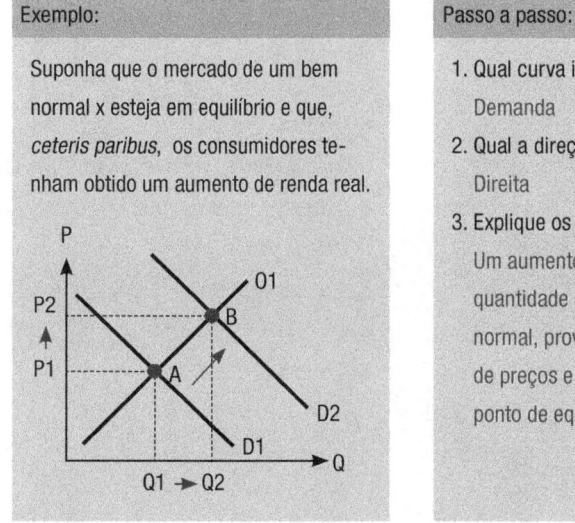

Exemplo:	Passo a passo:
Suponha que o mercado de um bem normal x esteja em equilíbrio e que, *ceteris paribus*, os consumidores tenham obtido um aumento de renda real. (Gráfico: eixos P e Q; curvas de demanda D1 e D2 deslocando-se para a direita; curva de oferta; ponto A em (Q_1, P_1) e ponto B em (Q_2, P_2); O_1 indica a oferta)	1. Qual curva irá se deslocar? Demanda 2. Qual a direção do deslocamento? Direita 3. Explique os efeitos do deslocamento. Um aumento na renda real eleva a quantidade demandada de um bem normal, provocando um aumento de preços e estabelecendo um novo ponto de equilíbrio B.

Para o exemplo 2, vamos supor que haja uma redução nos preços das matérias-primas, o que tornaria o custo de produção mais baixo, permitindo que a empresa tivesse a capacidade de ofertar mais produtos a um preço menor. Também é importante ressaltar que, exceto o preço da matéria-prima, as demais variáveis obedecem à condição de *ceteris paribus*.

Exemplo 2 – Efeito de uma redução no preço das matérias-primas

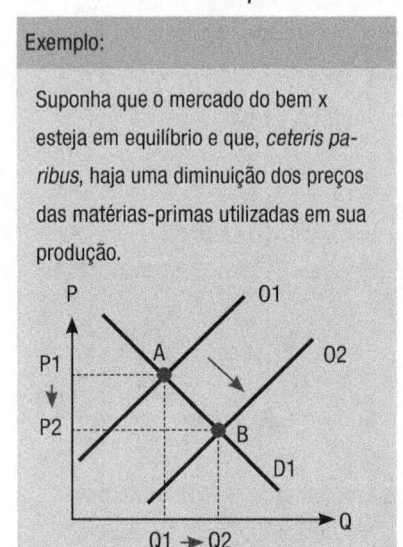

Exemplo:	Passo a passo:
Suponha que o mercado do bem x esteja em equilíbrio e que, *ceteris paribus*, haja uma diminuição dos preços das matérias-primas utilizadas em sua produção.	1. Qual curva irá se deslocar? Oferta 2. Qual a direção do deslocamento? Direita 3. Explique os efeitos do deslocamento. Uma diminuição no preço das matérias-primas eleva a quantidade ofertada do bem x, provocando uma redução em seu preço e estabelecendo um novo equilíbrio B nesse mercado.

Síntese

Neste capítulo, tratamos de uma das forças fundamentais da economia: a demanda. Apresentamos seus aspectos elementares, incluindo seus determinantes e efeitos. Com as informações aqui estudadas, você é capaz não só de analisar alguns dos principais efeitos que ocorrem com a demanda e com a quantidade demandada, mas também de refletir sobre algumas limitações do modelo e suas possíveis aplicações no mundo real.

Além disso, apresentamos as características e determinantes da oferta, sua representação gráfica e relações – a oferta era a força econômica que faltava para podermos iniciar as discussões sobre o equilíbrio de mercado.

No que se refere a esse equilíbrio, estudamos as interações entre oferta e demanda e vimos como essas duas forças se relacionam em um modelo de mercado. Verificamos as condições necessárias para que haja equilíbrio no mercado, assim como exploramos algumas das possíveis modificações no nível de preços ou mesmo dos possíveis deslocamentos das curvas de oferta e demanda. Esses elementos permitem uma compreensão mais aprofundada de como o mercado equilibra os conflitos de interesse entre ofertantes e demandantes.

Questões para revisão

1. Explique como preços maiores e menores do que o de equilíbrio afetam as quantidades demandadas e ofertadas. Represente graficamente e indique as áreas do gráfico em que há excessos de demanda e de oferta.

2. A partir das seguintes funções de oferta e demanda, determine o preço e a quantidade que equilibram o mercado:
   - $QD_x = 200 - 4P_x$
   - $QO_x = 50 + 2P_x$

3. Considerando uma situação de equilíbrio de mercado de determinado produto, caso ocorra um aumento do custo dos insumos de produção, podemos esperar que:

   a) a curva de oferta se incline para a direita.
   b) no novo ponto de equilíbrio haja um aumento da quantidade demandada.

c) a curva de oferta se desloque para a esquerda.

d) no novo ponto de equilíbrio, o preço seja maior, assim como a quantidade ofertada.

4. No mercado, podemos observar forças vendedoras e compradoras, podendo afirmar que tanto vendedores quanto compradores estariam satisfeitos em uma situação de equilíbrio. Sobre as leis da oferta, demanda e equilíbrio, podemos dizer que:

a) um aumento no preço do produto desloca a curva de demanda para a direita.

b) há excesso de demanda quando o preço está acima do equilíbrio.

c) há excesso de oferta quando o preço está abaixo do equilíbrio.

d) um aumento no preço do insumo desloca a curva de oferta para a esquerda.

5. No caso de um preço cobrado abaixo do preço de equilíbrio, podemos afirmar:

a) A quantidade demandada seria maior, assim como a quantidade ofertada.

b) A quantidade ofertada seria menor e a demanda aumentaria, deslocando-se para a direita.

c) A quantidade demandada seria menor que a quantidade ofertada, representando uma situação de escassez de produtos.

d) A quantidade demandada seria menor do que a ofertada, representando uma situação em que há excesso de produtos.

Questões para reflexão

1. Leia a notícia 1 a seguir e reflita sobre os efeitos da geada nas safras chilenas sobre a produção de vinhos. Discuta com seus colegas os impactos nos preços, na oferta, na demanda e no equilíbrio de mercado e represente graficamente. Em seguida, explique como o mercado irá se reequilibrar.

Notícia 1

Maior geada em décadas vai afetar safra no Chile

Relatório mostra que, de 17 a 26 de setembro, Chile sofreu com intensas geadas, causando dano às vinhas

As geadas que atingiram o Chile entre os dias 17 e 26 de setembro, de acordo com a Asociación de Ingenieros Agrónomos Enólogos, foram as mais graves e mais intensas em décadas e trarão efeitos significativos na produção e no preço de comercialização das uvas chilenas. Porém, ainda é muito cedo para dar a dimensão exata do quanto a safra irá diminuir, pois foi feito apenas um primeiro relatório, sendo que novas geadas (algumas ainda mais graves) ocorreram depois dessa data.

Ainda assim, nota-se que a magnitude das geadas, tanto em intensidade e extensão, é certamente a mais grave em décadas no Chile. Houve temperaturas muito baixas desde Copiapó até Traiguén, em áreas de cordilheira, litorâneas e do Vale Central, devido à natureza polar do vento. Foram muitas horas de temperaturas abaixo de zero e muitas geadas seguidas, como em Casablanca, por exemplo, que, em dez dias, teve nove geadas.

Vale ressaltar que as uvas mais afetadas foram de mesa, mas as viníferas também, especialmente as variedades brancas e as que brotam mais cedo.

Fonte: Maior..., 2013.

2. Leia a notícia 2. Explique as possíveis consequências do incêndio no porto de Santos para o mercado brasileiro, considerando que a maior parte do açúcar era para exportação. Identifique os possíveis impactos no preço internacional do açúcar e explique-os com base no que foi estudado sobre oferta, demanda e equilíbrio de mercado.

Notícia 2
Incêndio no Porto de Santos destrói 180 mil toneladas de açúcar

Na sexta-feira (18), cinco armazéns do porto foram destruídos. Preço do açúcar subiu 2,6% na bolsa de Nova York e 3% em Londres.

Um incêndio no Porto de Santos destruiu 180 mil toneladas de açúcar e provocou aumento do preço do produto no mercado internacional. Os bombeiros precisaram de 60 homens e um helicóptero para controlar o incêndio. O combate às chamas durou três horas; quatro trabalhadores ficaram feridos e três estão internados com queimaduras de segundo e terceiro graus e não correm risco de morte.

A área atingida, de 40 mil metros quadrados, é da Copersucar, maior exportadora de açúcar do Brasil. Segundo a empresa, 180 mil toneladas do produto foram perdidas, o que corresponde a um prejuízo de R$ 78 milhões.

Fonte: Ribeiro, 2013.

Para saber mais

PINDYCK, R. S.; RUBINFELD, D. L. **Microeconomia**. 7. ed. São Paulo: Pearson, 2010.

Aqueles que desejam estudar microeconomia com maior profundidade podem consultar esse livro para se inteirarem das questões mais profundas dessa área do saber. O livro progride em todas as áreas de pensamento da microeconomia, desde a demanda e a oferta até os estudos de mercado.

3
elasticidade
Pedro Augusto Godeguez da Silva

conteúdos do capítulo

> Conceito de elasticidade.
> Elasticidade de preço da demanda.
> Elasticidade de preço da oferta.
> Elasticidade da renda.
> Elasticidade cruzada.

após o estudo deste capítulo, você será capaz de:

1. interpretar o conceito de *elasticidade*;
2. identificar produtos elásticos e inelásticos;
3. compreender o impacto que bens substitutos e o peso de um determinado bem no orçamento exercem sobre sua elasticidade;
4. identificar os tipos de bens em relação à elasticidade de renda;
5. identificar os tipos de bens em relação à elasticidade cruzada.

Nos capítulos anteriores, vimos que tanto a oferta quanto a demanda têm suas quantidades relacionadas ao nível de preço do mercado. Sabemos que as quantidades ofertadas variam de maneira direta em relação ao preço; portanto, se há aumento de preço, há aumento na quantidade ofertada, sendo o inverso também verdadeiro.

Além disso, sabemos que as quantidades demandadas variam de maneira inversa ao nível de preço, ou seja, quando há aumento de preço, as quantidades demandadas diminuem; já quando há redução de preço, as quantidades demandadas aumentam.

Note que, até agora, apenas identificamos o sentido dessas variações. No entanto, após terminar o estudo deste capítulo, você será capaz de calcular e dizer precisamente os valores dessas variações. Ao dominarmos os conceitos de *elasticidade*, poderemos medir com precisão os efeitos de uma variação de preços nas quantidades ofertadas e demandadas, assim como nas receitas totais das empresas ou mesmo nos dispêndios (gastos) dos consumidores. Também poderemos identificar se os produtos são complementares ou substitutos, normais ou inferiores.

Inicialmente, será apresentada a elasticidade de preço da demanda, seguida da elasticidade de preço da oferta, da elasticidade de renda e, por fim, da elasticidade cruzada. Durante a leitura deste capítulo, tenha sempre em mente que a elasticidade mede a sensibilidade de determinado bem ou de um serviço diante de uma mudança em outra variável.

3.1 Elasticidade de preço da demanda

Conheceremos agora o conceito de *elasticidade*, sua classificação, os fatores que influenciam a elasticidade de preço da demanda e outros elementos que norteiam o estudo que aqui apresentamos.

3.1.1 Conceitos iniciais e definição

A elasticidade é a resposta (ou sensibilidade) de uma variável a mudanças em outra variável. Na elasticidade de preço da demanda, essa medida é baseada no preço e na quantidade demandada. Como já vimos, a lei geral da demanda indica que a relação entre preço e quantidade demandada é inversa (ou negativa); na interpretação da elasticidade de preço da demanda, essa relação se mantém, mas por meio da elasticidade podemos medir o tamanho das variações.

Porque sabemos que os preços influenciam a quantidade demandada, definimos a elasticidade de preço da demanda como a relação entre a variação percentual na quantidade demandada de um bem ou serviço e a variação percentual no preço destes.

$$\frac{\text{elasticidade}}{\text{preço da demanda}} = \frac{\text{variação percentual da quantidade demandada}}{\text{variação percentual do preço}}$$

A medida da elasticidade pode dizer o quão sensível é um bem ou serviço em relação a mudanças em seu preço. Produtos mais elásticos são mais sensíveis ao preço, pois sua quantidade demandada varia em maior escala do que seu preço.

Por outro lado, produtos inelásticos apresentam menos sensibilidade a mudanças no preço, pelo fato de sua quantidade demandada variar pouco diante de mudanças no preço. Dessa maneira, por meio da elasticidade de preço da demanda, podemos classificar os produtos como elásticos ou inelásticos. Veremos, a seguir, como fazer essa classificação e o que ela significa.

3.1.2 Classificação da elasticidade de preço da demanda e fatores que a influenciam

Ao afirmarmos que determinado produto é elástico, isso significa que variações no preço dele provocam maiores variações em sua quantidade demandada. Quando o produto apresenta característica inelástica, as variações nas quantidades demandadas são pequenas se comparadas às variações em seu preço.

A elasticidade de preço da demanda oferece-nos algumas possibilidades de interpretação em relação ao comportamento das quantidades demandadas de um produto, dadas as variações em seu preço. A medida da elasticidade de preço da demanda pode variar de zero até menos infinito e a elasticidade apresenta sinal negativo. No entanto, devido à relação inversa (ou negativa) entre preço e quantidade demandada, é comum encontrarmos notações em módulo. Portanto, a variação da elasticidade de preço da demanda (**Epd**) pode ser definida entre os seguintes valores:

> completamente inelástica – **IEpdI = 0**;
> inelástica – **0 < IEpdI < 1**;
> unitária – **IEpdI = 1**;
> elástica – **IEpdI > 1**.

Agora, vamos interpretar o que essas medidas nos indicam, mas, para isso, precisamos compreender também alguns dos fatores que interferem na elasticidade de preço da demanda: a existência de produtos substitutos, o quão necessário é o bem em questão e o peso do consumo dele no orçamento do consumidor.

3.1.3 A influência dos bens substitutos

Como já estudamos, os bens substitutos são aqueles que podem ser consumidos em substituição a outro bem, sem grandes alterações na satisfação do consumidor, como no caso de alguém que troca um suco de laranja por um de limão. Imagine que esse consumidor entre em um restaurante qualquer e constate que o preço do suco de laranja que ele habitualmente pede triplicou. Ele lembra então que houve uma queda na safra de laranja, o que possivelmente pode ter feito o preço do suco aumentar. No entanto, ele não está disposto a pagar o triplo do preço pela bebida e, como alternativa, escolhe o de limão. Mesmo que não seja o seu preferido, ao considerar um elevado aumento de preço no suco de laranja, o consumidor optou por substituí-lo por um de limão, o que causa impacto direto sobre a elasticidade dos produtos.

Normalmente, quando existem bens substitutos, eles apresentam maiores elasticidades, em virtude de, ao variar o preço, o consumidor ter alternativas para substituir um bem por outro similar, sem prejuízos à sua satisfação.

3.1.4 A influência dos bens essenciais

Quando um consumidor considera um bem essencial, sente-se disposto a pagar mais caro por ele. Em outras palavras, ainda que haja um grande aumento no preço do produto, o consumidor continuará consumindo-o, variando muito pouco a sua quantidade demandada.

Imagine que um senhor diabético caminhe até a farmácia mais próxima de sua casa para tomar a dose diária de insulina. Se por algum motivo a insulina tiver um aumento de preço muito elevado, a esse senhor só sobrará a opção de pagar mais caro pela sua injeção.

Dessa maneira, quando um bem é de grande essencialidade, apresenta um maior grau de inelasticidade, pois, mesmo com variações no preço, a quantidade demandada varia muito pouco (ou simplesmente não varia).

Note que o raciocínio construído para o exemplo do senhor diabético partiu de um aumento no preço da insulina. No entanto, o raciocínio para interpretar a elasticidade de preço da demanda é o mesmo para uma redução no preço. Imagine que esse mesmo senhor, na mesma farmácia, constate que, por algum motivo, a insulina ficou muito barata; ele não aumentará o número de injeções apenas para aproveitar a promoção.

3.1.5 O peso no orçamento

O peso que determinado produto tem no orçamento de um consumidor também influencia a elasticidade de um bem. Assim, um produto que represente uma grande parcela de gasto no orçamento de um consumidor normalmente apresenta maior elasticidade de preço da demanda. Por outro lado, quando um produto tem uma participação muito baixa no orçamento do consumidor, tende a apresentar menor elasticidade.

Por exemplo, suponha que uma caixa de palitos de dente custa R$ 1,00. Se houver um aumento de 100% no preço desse produto, que passa a custar R$ 2,00, o peso no orçamento será baixo; portanto, a quantidade demandada tenderá a não se alterar muito. No entanto, se pensarmos a mesma variação de 100% no valor do convênio médico de um indivíduo, o peso no orçamento seria tão grande que forçaria a pessoa a buscar convênios mais baratos.

Exemplo 1 – Comportamento dos produtos completamente inelásticos

Este primeiro exemplo trata de bens e serviços que apresentam uma inelasticidade absoluta, o que significa que, mesmo que haja uma variação de preços muito grande, a quantidade demandada permanece inalterada. Note na representação a seguir que há um aumento percentual no preço, mas a quantidade demandada permanece inalterada.

$$| Ed | = 0$$
$$QD = f(P) \uparrow (\%)$$

Exemplo 2 – Comportamento dos produtos inelásticos

Neste exemplo, apresentamos um aumento percentual no preço de um produto, no entanto, o efeito sobre a quantidade demandada foi pequeno. Ao contrário do exemplo anterior, agora a quantidade apresenta alguma variação, dado o aumento do preço. Como o preço varia com maior intensidade que a quantidade demandada, pode-se assumir que esse produto se apresenta pouco sensível a variações de preço; portanto, é classificado como inelástico.

Veja a representação gráfica a seguir:

$$0 < |Ed| < 1$$
$$(\%) \downarrow \quad QD = f(P) \quad \uparrow (\%)$$

Exemplo 3 – Comportamento dos produtos com elasticidade unitária

Elasticidade unitária significa que as variações nos preços geram variações em igual tamanho na quantidade demandada. Assim, podemos imaginar que um aumento de 50% no preço de um bem gera uma queda de 50% na quantidade demandada.

Note na representação a seguir que as variações de preço e quantidade demandada são iguais:

$$|Ed| = 1$$
$$(\%) \downarrow \quad QD = f(P) \quad \uparrow (\%)$$

Exemplo 4 – Comportamento dos produtos elásticos

Produtos elásticos são aqueles que apresentam mais sensibilidade a variações no preço. Observe que, na representação a seguir, um pequeno aumento de preço fez com que a quantidade demandada caísse em maior proporção:

$$|Ed| > 1$$
$$(\%) \downarrow QD = f(P) \uparrow (\%)$$

3.1.6 Representação gráfica da elasticidade de preço da demanda

A elasticidade de preço da demanda é uma medida que capta a sensibilidade da quantidade demandada de um produto em relação a uma variação em seu preço. Por se tratar de uma medida que capta as variações ao longo da curva de demanda, o coeficiente angular da curva reflete o tipo de elasticidade que cada produto apresenta. Veja na Figura 3.1 como se comportam as curvas, de acordo com suas respectivas elasticidades.

Figura 3.1 – Representação gráfica da elasticidade de preço da demanda

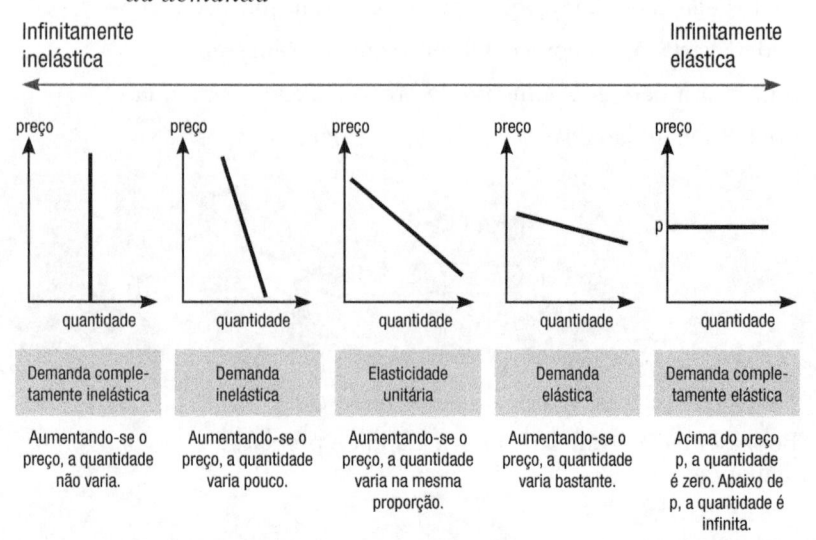

Infinitamente inelástica ←				→ Infinitamente elástica
Demanda completamente inelástica	Demanda inelástica	Elasticidade unitária	Demanda elástica	Demanda completamente elástica
Aumentando-se o preço, a quantidade não varia.	Aumentando-se o preço, a quantidade varia pouco.	Aumentando-se o preço, a quantidade varia na mesma proporção.	Aumentando-se o preço, a quantidade varia bastante.	Acima do preço p, a quantidade é zero. Abaixo de p, a quantidade é infinita.

3.1.7 Efeitos da elasticidade de preço da demanda na receita total

A elasticidade de preço da demanda pode ser um instrumento útil na decisão de políticas de preço. Se um vendedor souber qual o tipo de elasticidade de preço da demanda do produto que ele oferta, poderá ajustar com mais precisão a decisão de aumentar ou diminuir o preço.

No caso de um produto elástico, sabemos que variações no preço provocam variações mais intensas na quantidade demandada, de modo que tais produtos apresentam grande sensibilidade a tais variações. Já os produtos inelásticos, menos sensíveis às variações de preço, apresentam modificações pequenas nas quantidades demandadas, mesmo que sejam grandes as variações em seu preço.

Assim, se o vendedor souber que seu produto apresenta um elevado grau de inelasticidade, qual seria a melhor política de preços para aumentar a sua receita total: aumentar ou diminuir o preço?

Primeiramente, devemos entender o conceito de *receita total* a ser utilizado. O conceito é simples e, para compreendê-lo, partiremos de um exemplo: imagine que um vendedor vendeu dez canetas a R$ 1,00 cada. Qual foi sua receita total? Basta multiplicarmos o preço de cada caneta vendida pela quantidade de canetas vendidas, ou seja: R$ 10,00. Portanto, a receita total pode ser expressa da seguinte maneira:
RT = P × Q.

Como o vendedor percebeu que seu produto é inelástico e, portanto, menos sensível a variações no preço, para aumentar sua receita total ele poderia aumentar o preço, de maneira que as quantidades demandadas diminuiriam em menor escala. Observe na Figura 3.2 que o aumento de preços foi superior à queda nas quantidades demandadas, motivo pelo qual a receita total aumentou.

Figura 3.2 – Impacto de um aumento de preço na receita total (produto inelástico)

$$0 < |Ed| < 1$$
$$\uparrow RT = \uparrow P' \times Q \downarrow$$

No caso de um produto elástico, ou seja, com uma quantidade demandada mais sensível a variações no preço, a política de preço para aumentar a receita seria outra. Como sabemos que a quantidade demandada deve variar em maior intensidade que o preço, com pequenos descontos o vendedor conseguiria aumentar sua receita total. Observe o efeito na figura a seguir:

Figura 3.3 – *Impacto de uma redução de preço na receita total (produto elástico)*

$$|\ Ed\ | > 1$$
$$\uparrow RT = \downarrow P' \times Q \uparrow$$

3.2 Elasticidade de preço da oferta

Assim como estudamos no tópico da elasticidade de preço da demanda, também podemos medir a elasticidade de preço da oferta, relacionando as variações nas quantidades ofertadas diante de uma variação dos preços. Já sabemos que, na oferta, a relação entre preço e quantidade ofertada é direta (ou positiva), pois observamos que, quando há elevação dos preços, os vendedores ficam mais dispostos a ofertar maiores quantidades. Com o mesmo raciocínio, no caso de uma redução de preços, os vendedores ficam dispostos a ofertar menores quantidades.

Seguimos, então, o mesmo raciocínio estabelecido para a elasticidade de preço da demanda, porém alterando a direção da variação entre preço e quantidade. Lembrando que a elasticidade é uma medida de variações, podemos definir a elasticidade da oferta como a relação das variações percentuais da quantidade ofertada em relação às variações percentuais nos seus respectivos preços.

$$\frac{\text{elasticidade}}{\text{preço da oferta}} = \frac{\text{variação percentual da quantidade ofertada}}{\text{variação percentual do preço}}$$

O campo de variação da elasticidade de preço da oferta (**Epo**) varia de zero até o infinito. Como a relação entre preço e quantidade ofertada é direta (ou positiva), o sinal da elasticidade de preço da oferta é sempre positivo. Observe o campo de variação da elasticidade de preço da oferta (Epo):

› produto com elasticidade unitária – **Epo = 1**;
› produto com oferta elástica – **Epo > 1**;
› produto com oferta inelástica – **Epo < 1**.

Também podemos observar o comportamento gráfico da elasticidade de preço da oferta. Supondo uma oferta linear, observamos a elasticidade baseando-nos no coeficiente linear da função.

Assim, sempre que o coeficiente linear (intercepto) da função for igual a zero, a elasticidade da oferta será unitária (Epo = 1). Quando o coeficiente linear for negativo, a oferta será elástica; já quando o coeficiente linear for positivo e maior do que zero, a oferta será inelástica. Veja esse efeito e o comportamento gráfico da elasticidade de preço da oferta na Figura 3.4.

Figura 3.4 – Representação gráfica da elasticidade de preço da oferta

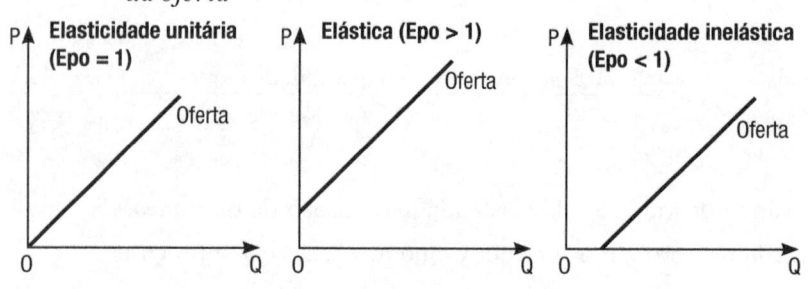

Elasticidade unitária (Epo = 1)

Elástica (Epo > 1)

Elasticidade inelástica (Epo < 1)

3.3 Elasticidade de renda

Estudamos diversos fatores que influenciam a demanda, entre eles a renda do consumidor. Sabemos que, quando um consumidor tem um aumento de renda, ele pode passar a consumir maiores quantidades de certos produtos, mesmo que não tenham ficado mais baratos. Também estudamos os bens normais e os inferiores: é importante relembrar que os produtos normais são aqueles que, quando há um aumento na renda, o consumidor passa a comprar mais deles; por outro lado, os bens inferiores são aqueles que, quando há um aumento de renda, o consumidor deixa de comprá-los porque os troca por produtos de melhor qualidade. Como exemplo, imaginemos que a renda de um consumidor tenha aumentado e agora ele pode reduzir a sua demanda por carne de segunda (bem inferior) e aumentar sua demanda por carne de primeira (bem normal).

Com a elasticidade de renda (Er), podemos medir o efeito de uma variação da renda de um consumidor na quantidade demandada. Se houver um aumento na renda do consumidor e a quantidade demandada por ele de determinado produto diminuir, deduzimos que se trata de um bem inferior. No entanto, se com um aumento de renda as quantidades demandadas aumentarem, deduzimos que se trata de um bem normal ou superior. Veremos as classificações mais detalhadamente a seguir, pois primeiro vamos definir e indicar como se calcula a elasticidade de renda.

Definimos a *elasticidade de renda* como uma relação entre a variação percentual na quantidade demandada de um bem e a variação percentual na renda dos consumidores. Portanto, ela pode ser calculada da seguinte maneira:

$$\text{elasticidade de renda} = \frac{\text{variação percentual da quantidade demandada}}{\text{variação percentual da renda}}$$

Veja a seguir as classificações e os comportamentos dos coeficientes de elasticidade da renda (**Er**):
> bem superior – **Er > 1**;
> bem de consumo saciado – **Er = 0**;
> bem normal – **Er > 0**;
> bem inferior – **Er < 0**.

A elasticidade de renda nos dá indícios sobre o tipo de bens que estamos estudando, os quais podem ser superiores (bens de luxo), normais, inferiores ou de consumo saciado.

Quando uma variação na renda faz com que haja uma variação de maior intensidade na demanda de um bem, estamos falando de um bem superior.

Os bens normais são aqueles que indicam aumentos na demanda ao ocorrer aumento na renda e diminuição na demanda em situações em que há queda da renda.

Os bens inferiores, como já vimos, relacionam-se inversamente à variação da renda.

Por último, temos os produtos de consumo saciado, que não reagem diante de mudanças na renda. Isso significa que, mesmo com variação na renda, o consumidor não altera a sua demanda pelo produto.

3.4 Elasticidade cruzada

No começo deste capítulo, vimos a importância dos bens substitutos e dos bens complementares na elasticidade de preço da demanda. Com a elasticidade cruzada, poderemos identificar esses produtos, pois ela mede os efeitos sobre a quantidade demandada de um bem, dada uma variação no preço de outro bem. Assim, se o preço do bem "A" aumentar, o que acontecerá com a quantidade demandada do bem "B"?

Se, com o aumento de preço do bem "A", a quantidade demandada de "B" aumentar, podemos deduzir que se trata de um produto substituto. Isso porque, quando o bem "A" fica caro, o consumidor deixa de consumir "A" e aumenta a quantidade demandada de "B". Em outras palavras, o consumidor substitui o bem "A" pelo bem "B". No entanto, se com o aumento do preço do bem "A" a quantidade demandada de "B" diminuir, podemos deduzir que se trata de um bem complementar. Isso porque, quando o preço de "A" aumenta, o consumidor diminui não apenas sua quantidade demandada de "A", mas também a quantidade demandada de "B".

Em outras palavras, é provável que esses produtos sejam consumidos em conjunto, como pão e manteiga. Se o preço do pãozinho ficar mais caro, as pessoas vão comprar menos pãezinhos e, por consequência, menos manteiga para passar neles.

A fim de identificarmos se os produtos são complementares ou substitutos, devemos olhar para os coeficientes da elasticidade cruzada (Ec). Para calculá-la, basta dividir a variação percentual da quantidade de um bem "A" pela variação percentual do bem "B".

$$\frac{\text{elasticidade}}{\text{cruzada}} = \frac{\text{variação percentual da quantidade demandada de "A"}}{\text{variação percentual do preço de "B"}}$$

Os coeficientes da elasticidade cruzada (Ec) podem variar das seguintes maneiras:
> produtos substitutos – Ec > 0;
> produtos complementares – Ec < 0.

Síntese

Neste capítulo, abordamos pontos relacionados à elasticidade, uma ferramenta importante para o estudo da ciência econômica. Podemos classificar produtos como substitutos ou complementares, e também como inferiores, superiores, normais ou de consumo saciado.

Adicionalmente, conseguimos interpretar os efeitos de uma variação de renda sobre as quantidades demandadas, os efeitos de mudanças de preço sobre as quantidades pedidas e ofertadas, além de identificarmos os efeitos do aumento do preço de um produto sobre a quantidade demandada de outro produto. Identificar a sensibilidade de um produto diante de variações em seu preço também pode ajudar a estabelecer a melhor política de preços para aumentar a receita total de uma empresa.

Questões para revisão

1. Se o coeficiente de elasticidade cruzada apresentar sinal positivo, podemos afirmar que:

    a) os bens relacionados são complementares.
    b) os bens relacionados são inelásticos.
    c) os bens relacionados são substitutos.
    d) os bens relacionados são elásticos.

2. Se uma diminuição de 10% no preço de um bem provocar um aumento de 7,4% na quantidade procurada dele, a elasticidade-preço da demanda será igual a:

    a) 0,10.
    b) 7,4.
    c) 0,74.
    d) 1,35.

3. Explique como a elasticidade de preço da demanda pode afetar a Receita Total de uma empresa. No caso de um produto que apresente baixa sensibilidade da quantidade demandada diante de variações em seu preço, qual seria a melhor política de preços para aumentar a receita total da empresa?

4. Quando a elasticidade de renda é negativa para um produto "A", podemos dizer que:

a) quanto maior a renda, maior será o consumo de "A".
b) "A" pode ser considerado como um bem normal.
c) "A" pode ser considerado como um bem supérfluo.
d) quanto maior a renda, menor será o consumo de "A".

5. Explique os conceitos das elasticidades de preço, de renda e cruzada. Como podemos classificar os produtos de acordo com cada uma dessas medidas?

Questões para reflexão

1. Leia atentamente o texto apresentado e, a seguir, responda ao que se pede.

Análise da evolução das demandas por transporte

[...] do ano de 2001 para o ano de 2007, o transporte aéreo de passageiros experimentou um crescimento substancial no Brasil, ao mesmo tempo em que o número de usuários do transporte rodoviário interestadual sofreu um declínio constante.

A estabilização econômica e o processo contínuo de aumento da renda nacional tiveram impacto significativo no crescimento do mercado de transporte aéreo nas últimas décadas. Segundo Oliveira (2009), esse fator sozinho, entretanto, não poderia explicar esse expressivo crescimento, uma vez que o aumento do mercado aéreo doméstico brasileiro foi superior ao dobro da taxa de crescimento da renda nacional. A mudança na elasticidade renda-demanda do setor sugere a existência de outros fatores que também contribuíram para o crescimento setorial. Parece estar claro que a melhoria na distribuição de renda da população e a redução dos preços das passagens aéreas foram os fatores que mais contribuíram para que a população de menor poder aquisitivo pudesse usufruir o serviço de transporte aéreo, antes inacessível.

Fonte: Silva, 2012.

a) Segundo o texto, em relação ao aumento da renda, de que forma podem ser classificados os transportes aéreo e rodoviário interestadual no Brasil? Justifique.

b) Segundo o texto, em relação à variação de preços, de que forma podem ser classificados os transportes aéreo e rodoviário interestadual no Brasil? Justifique.

2. O estudo "A demanda brasileira de cigarros e o efeito da restrição para a veiculação de sua publicidade em meios de comunicação de massa", elaborado por Juarez Rizzieri (2008), analisou, entre outras variáveis, a variação da renda sobre o consumo de cigarros. O resultado obtido demonstrou que o consumo de cigarro não responde ao crescimento da renda, ou seja, não influencia a quantidade de cigarros fumados.

A conclusão de Rizzieri acerca da variação na renda sobre o consumo de cigarros nos permite classificá-lo como qual tipo de bem? Justifique.

3. Considerando os conceitos de bens normais, bens inferiores e bens de consumo saciado, como poderiam ser classificados os eletrodomésticos e os móveis citados na reportagem a seguir?

Com aumento de renda, classe média quer poupar e comprar móveis

Um estudo divulgado nesta segunda-feira pelo Data Popular aponta que 80% da nova classe média se interessaria em comprar eletrodomésticos e móveis caso a renda dobrasse. Outros interesses, como fazer uma poupança, aparecem com 83,2% do interesse desse grupo. [...]

O estudo apontou ainda que 458,6 mil domicílios brasileiros não possuem fogão, enquanto 2 milhões e 26,8 milhões não possuem geladeira e máquina de lavar roupas, respectivamente. "Enquanto 23,5% do total de famílias brasileiras pretendem comprar uma máquina de lavar, na nova classe média esse percentual sobe para 29,2%", completa Renato Meirelles, sócio diretor do Data Popular.

Fonte: Terra, 2012.

Para saber mais

MANKIW, N. G. **Introdução à economia**. 6. ed. São Paulo: Cengage Learning, 2009.

Aqueles que desejam estudar a elasticidade com maior profundidade podem consultar este livro, que já se tornou clássico como introdução à economia. O autor enumera as razões para se estudar Economia: entender melhor o mundo em que vivemos, participar mais ativamente na economia e saber os limites e os potenciais da política econômica.

4
teoria da firma

Pedro Augusto Godeguez da Silva

conteúdos do capítulo

> Teoria da produção.
> Teoria dos custos.

após o estudo deste capítulo, você será capaz de:

1. compreender os conceitos de *longo prazo* e *curto prazo* na teoria da firma;
2. compreender a lei dos rendimentos decrescentes;
3. compreender a relação entre produção e custos no curto prazo;
4. representar graficamente a estrutura de produção e custos de curto prazo;
5. compreender as diferentes medidas de produção e custos;
6. identificar as maiores eficiências dos recursos fixos e variáveis.

A teoria da produção está intimamente relacionada à oferta. Para que os vendedores consigam ofertar bens em uma economia, primeiro é necessário que haja a produção de bens. Portanto, a empresa deverá combinar recursos de maneira eficiente para reduzir os custos que incorrem na produção, valendo-se, para tanto, dos fatores de produção, vistos no capítulo introdutório deste livro.

Os fatores de produção sintetizam os "ingredientes" básicos presentes em todo processo produtivo. O fator terra corresponde tanto ao espaço destinado à produção quanto à fonte de recursos naturais; o fator trabalho refere-se à mão de obra propriamente dita e ao capital humano, ou seja, às qualificações e experiências do trabalhador; e o fator capital compreende todo tipo de máquinas, equipamentos e nível tecnológico utilizados na produção.

Neste capítulo, estudaremos as relações entre os fatores de produção e as quantidades produzidas pelas empresas.

4.1 Teoria da produção

A partir de agora, conheceremos as diferenças entre curto e médio prazo, bem como estudaremos os elementos norteadores da produção, passando pela produção total, média e marginal, além do conceito de *curto prazo*, determinante para a compreensão da lei dos rendimentos decrescentes.

4.1.1 Diferenças entre curto e longo prazo

A noção de longo prazo e curto prazo na teoria da produção é um pouco diferente da que estamos acostumados. Como determinar se estamos falando do longo ou do curto prazo? Mais de um ano seria longo prazo? Na verdade, não. Mais de um ano pode ser longo prazo para um agricultor que cultiva alface, mas, para uma empresa que fabrica foguetes espaciais, seria curto prazo. O conceito de *prazo* que usaremos nos capítulos de produção, bem como no de custos, atribui ao prazo uma noção mais ampliada do que somente a do tempo.

Assumimos que o curto prazo permite que a empresa tenha tempo de variar alguns dos seus fatores de produção, mas não todos eles. Por exemplo: no curto prazo, a empresa poderia contratar mais funcionários (mão de obra), mas não haveria tempo suficiente para aumentar as suas instalações, adquirir um terreno maior ou mesmo adquirir uma máquina de grande porte. A lógica por trás desse raciocínio é que, no curto prazo, alguns fatores de produção serão fixos e outros, variáveis.

Já o longo prazo permite que a empresa varie todos os seus fatores de produção, de maneira que não existam fatores fixos. Em outras palavras, o longo prazo oferece à empresa tempo suficiente para mudar todos os seus fatores de produção, mão de obra, terra e capital.

4.1.2 Lei dos rendimentos decrescentes

A lei dos rendimentos decrescentes, ainda que de grande importância na teoria da produção, só ocorre no curto prazo. Como no curto prazo a empresa não pode variar todos os seus fatores de produção e terá ao menos um fator fixo, ao chegar ao limite do seu recurso fixo e, caso o ultrapasse, a produção pode diminuir ao adicionar unidades do fator variável.

Imagine que um agricultor esteja planejando a colheita de café. Ele tem um pequeno terreno com muitos pés de café e precisa contratar mão de obra para fazer a colheita. No curto prazo, podemos dizer que o terreno do agricultor seria o recurso fixo, enquanto os funcionários (mão de obra), o recurso variável. Como sem mão de obra o café não será colhido, o agricultor contrata um funcionário. Mas, então, ele percebe que, por mais rápido que seja o trabalho do contratado, jamais conseguirá colher todo o café, o que o leva a contratar mais funcionários, elevando o número de sacas colhidas por dia. Sucessivamente, o agricultor continua a contratar funcionários, mas, a partir de determinado momento, percebe que o número de sacas de café por dia não aumenta mais como antes. Preocupado, contrata ainda mais mão de obra. O problema é que, ao contratar funcionários adicionais, o número de sacas de café por dia diminui. O que terá acontecido? O que explica esse fenômeno?

A explicação está na lei dos rendimentos decrescentes. Enquanto existia apenas um funcionário colhendo café, havia muita capacidade ociosa no terreno, ou seja, o recurso fixo (terreno) ainda tinha muito espaço para a contratação de recursos variáveis (mão de obra). Ao contratar mais funcionários e aumentar o número de sacas colhidas por dia, o agricultor não percebeu que estava chegando próximo do limite do seu recurso fixo. Em outras palavras, o terreno ficou pequeno para tantos funcionários, gerando uma queda no número de sacas colhidas. A lei dos rendimentos decrescentes pode ser observada mais claramente na produção marginal e na produção total, como veremos a seguir.

4.1.3 Produção total

A produção total (PT) é o resultado do esforço da empresa na combinação de recursos fixos e variáveis. Cada variação na unidade do fator variável (UFV) reflete na quantidade produzida. Se pensarmos a UFV como mão de obra, podemos dizer que a PT indica a totalidade de produtos produzidos com a utilização de todos os recursos disponíveis em determinado período de tempo.

No Gráfico 4.1, apresentado mais adiante, podemos observar que a curva da produção total cresce a taxas crescentes até o ponto de inflexão. A partir daí, devido à lei dos rendimentos decrescentes, a PT continua a crescer, porém em uma intensidade menor, com taxas decrescentes, até atingir seu ponto de máximo.

Note que, se adicionarmos mais unidades do fator variável após a PT ter atingido seu ponto de máximo, esta irá decrescer, devido aos limites do recurso fixo. Por esse motivo, o ponto máximo da PT reflete a maior eficiência do recurso fixo (Merf).

4.1.4 Produção média

A produção média (Pme) indica a quantidade de produtos produzidos por funcionário. Para calcularmos a Pme de cada funcionário, basta dividirmos a produção total (PT) pelo número de funcionários (ou unidade do fator variável – UFV).

No Gráfico 4.1, percebemos que a Pme cresce até o encontro com a curva de produção marginal, onde atinge seu ponto de máximo. O ponto de máximo da Pme indica-nos a maior eficiência do recurso variável (Merv).

Como agora sabemos que a PT reflete a maior eficiência do recurso fixo (Merf) e a Pme mede a Merv, podemos especificar o melhor ponto em que a empresa deve estabelecer seu nível de produção. Se para a empresa o recurso variável for o mais caro, cabe a ela tornar o uso desse recurso o mais eficiente possível. Assim, o nível de produção deve se aproximar do ponto em que a Pme é máxima.

Por outro lado, se o recurso fixo for o mais caro, a empresa deverá tornar a eficiência desse recurso a maior possível. Dessa forma, o nível de produção precisa se aproximar do ponto em que a produção total é máxima (Merf).

4.1.5 Produção marginal

A produção marginal (Pmg) mede os efeitos da variação das unidades do fator variável (UFV) na produção total (PT). Em outras palavras, ao contratar um funcionário a mais, deve-se avaliar quanto de produção o novo contratado irá gerar. A curva da Pmg representa os efeitos da lei dos rendimentos decrescentes; no início, como há capacidade ociosa do recurso fixo, a PT aumenta a taxas crescentes e, portanto, a Pmg também é crescente, como indica o Gráfico 4.1. A partir do ponto de inflexão, a PT passa a crescer com taxas decrescentes e, portanto, a Pmg apresenta característica decrescente até o ponto em que a PT é máxima.

Se adicionarmos mais um funcionário após esse ponto, a PT decresce e, portanto, a Pmg é negativa. Podemos notar, desse modo, que a Pmg indica as taxas em que a PT cresce (ou decresce). Inicialmente apresenta taxas crescentes de crescimento, em seguida, taxas decrescentes e, se continuarmos a aumentar o número de funcionários (UFV), a Pmg apresentará taxas negativas.

Gráfico 4.1 – Representação gráfica das curvas de produção total (PT), produção média (Pme) e produção marginal (Pmg)

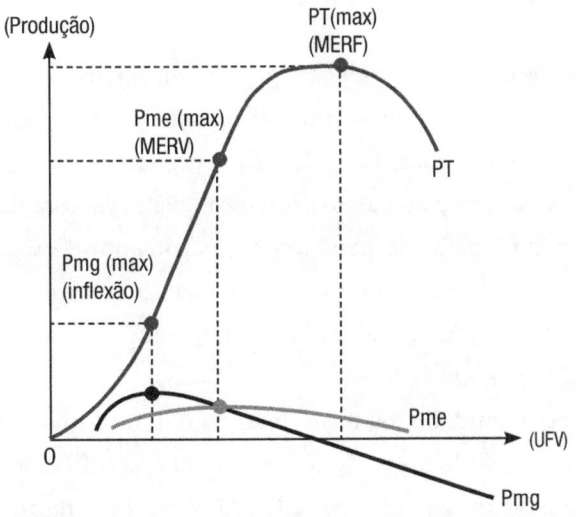

4.2 Custos de produção

Trataremos agora dos custos incorridos na produção de um bem. Como já estudamos na teoria da produção, no curto prazo ocorrerão custos fixos e variáveis, já que temos recursos também fixos e variáveis. É importante ressaltar que a abordagem econômica sobre os custos de produção diferem da abordagem contábil, pois no âmbito econômico são considerados os custos de oportunidade.

Além dessas discussões, estudaremos as representações gráficas das curvas de custos, as diferenças entre os custos marginal, médio e total, além do conceito de *externalidade*, que nos permite diferenciar os custos privados e os custos para a sociedade.

4.2.1 Custo de oportunidade e custo contábil

Como já dito, os custos de produção são diferentes para economistas e contadores. A visão contábil considera como custo de produção o que chamamos de *custos explícitos*, ou seja, todo custo que gera pagamento a terceiros, como compra de matéria-prima, custos de manutenção, pagamento de salários, entre outros. Na visão econômica, além dos custos explícitos, também são considerados os implícitos, chamados de *custo de oportunidade*.

O custo de oportunidade (ou *custo implícito*) já foi estudado no primeiro capítulo deste livro e representa o custo da escolha. No caso da empresa, significa o quanto ela deixou de produzir de "B" para produzir de "A". Ao contrário dos custos explícitos, o custo de oportunidade não envolve pagamentos ou desembolsos, mas considera as remunerações alternativas que a empresa poderia ter com seus próprios recursos.

Por exemplo: se uma empresa possui seu próprio imóvel, poderia ganhar dinheiro alugando-o. Portanto, caberia a ela escolher entre usar o imóvel para produzir bens e serviços ou alugá-lo e, assim, receber uma renda. Não é possível optar pelas duas situações, portanto, os economistas incluem o custo da escolha como a remuneração alternativa do uso dos recursos da empresa.

Agora que já discutimos as diferenças entre custos contábeis e custos econômicos, é importante deixar claro que, sempre que lermos a palavra *custos* nesta seção, trata-se do custo na visão econômica. Veja a Figura 4.1, que ilustra essas diferenças.

Figura 4.1 – Diferença entre custos contábeis e custos econômicos

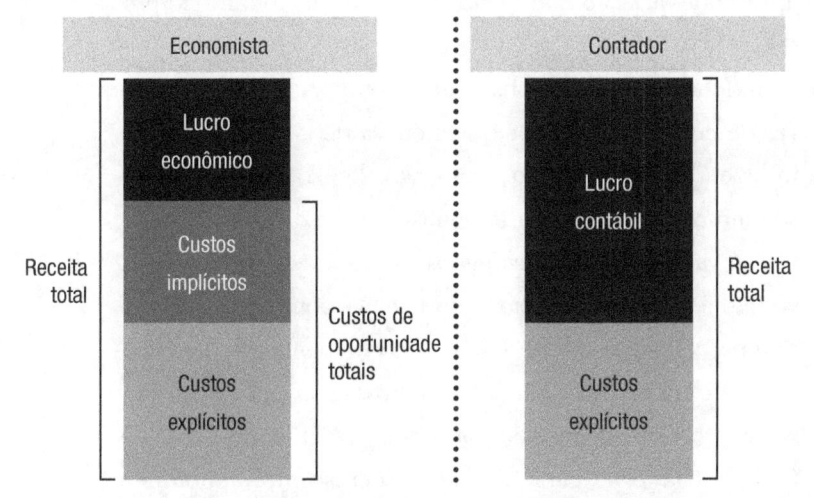

4.2.2 Os custos totais

O *custo total* (CT), como o próprio nome sugere, é a soma de todos os custos dos fatores de produção utilizados. Como estamos tratando do curto prazo, sabemos que existem recursos fixos e variáveis. Portanto, o CT é a soma dos custos variáveis totais (CVT) e dos custos fixos totais (CFT), conforme o enunciado a seguir:

CT = CVT + CFT

Na teoria da produção, observamos que a produção varia conforme são acrescidas ou decrescidas as unidades de fator variável, por exemplo, a mão de obra. Os custos variam dependendo da quantidade produzida, ou seja, se for maior a produção, maiores serão os custos incorridos. Portanto, o CVT depende do volume de produção, enquanto o CFT não apresenta variação, independentemente do volume de produção (q).

No Gráfico 4.2 podemos observar o comportamento das curvas de custos totais. Note que a curva de CFT é constante, independentemente de q. As curvas de CT e de CVT apresentam o mesmo comportamento, uma vez que a curva de CT só varia quando adicionados os custos variáveis. Observe que a curva de CT parte do mesmo ponto do CFT, em que o CVT é igual zero. Como o CV depende de q, ele começa a crescer à medida que a empresa começa a produzir.

Observe também que o comportamento gráfico do CT e do CVT inicia com características decrescentes, porém, a partir de determinado ponto, passa a aumentar com taxas crescentes. Esse efeito é similar ao dos rendimentos decrescentes vistos na produção. Desse modo, quando a empresa passa a produzir mais quantidades mais próximas do limite do seu recurso fixo, os custos adquirem um comportamento crescente, fenômeno denominado de *lei dos rendimentos crescentes*. Observe a representação no Gráfico 4.2 a seguir.

Gráfico 4.2 – Comportamento gráfico das curvas de custos totais

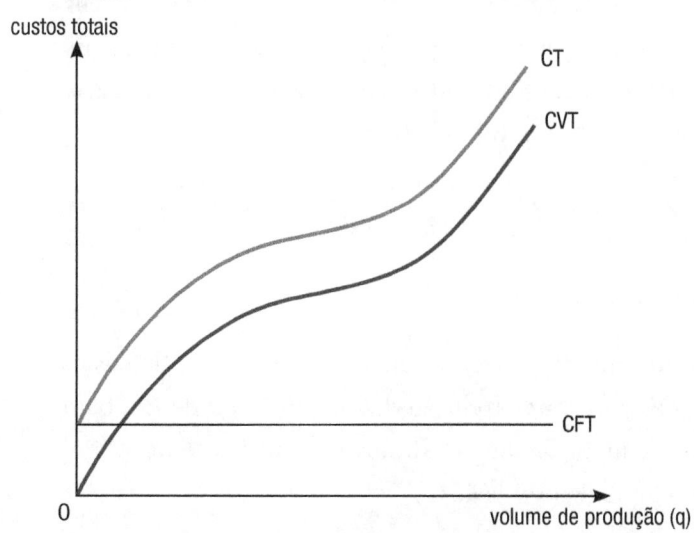

4.2.3 Os custos médios e o custo marginal

Os custos médios também podem ser chamados de *custos unitários*, ou seja, quanto custa para produzir uma unidade de determinado produto. Porém, como temos recursos fixos e variáveis, podemos determinar quanto há de custo variável por unidade produzida e quanto há de custo fixo por unidade produzida. O custo marginal segue o mesmo raciocínio da produção marginal e, assim, mede os custos adicionais de se produzir uma unidade a mais.

4.2.3.1 Custo variável médio

O custo variável médio (CVM) nos indica a quantidade de custos variáveis incorridos na produção de uma unidade de um bem. Para calcular o CVM, basta dividirmos o custo variável total (CVT) pelo volume de produção (q):

$$CVM = CVT/q$$

4.2.3.2 Custo fixo médio

O custo fixo médio (CFM) nos indica a quantidade de custos fixos incorridos na produção de uma unidade de um bem. Para calculá-lo, basta dividirmos o custo fixo total (CFT) pelo volume de produção (q):

$$CFM = CFT/q$$

Tal procedimento faz com que o comportamento gráfico do CFM seja sempre decrescente, mas nunca igual a zero. Isso porque o valor do numerador (CFT) é constante e o denominador (q) aumenta sucessivamente. O Gráfico 4.3 ilustra esse comportamento.

Gráfico 4.3 – Comportamento gráfico do custo fixo médio (CFM)

[Gráfico: eixo vertical "custo fixo médio", eixo horizontal "volume de produção (q)", curva CFM decrescente assintótica]

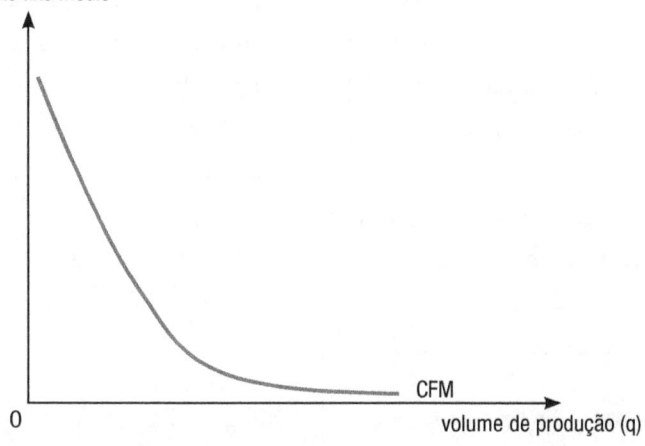

4.2.3.3 Custo marginal

Como o custo marginal (Cmg) mede as variações no custo total (CT) com base na variação no volume de produção (q), para que possamos encontrá-lo, basta dividirmos a variação do CT pela variação de q:

$$Cmg = \Delta CT / \Delta q$$

4.2.3.4 Custo total médio

O custo total médio (CTM) nos indica quanto custa produzir uma unidade de determinado produto, dado que ele é a soma do custo variável médio (CVM) e do custo fixo médio (CFM). Observe no Gráfico 4.4 que o comportamento das curvas de CTM e de CVM se dá em forma de "U", o que acontece como reflexo da lei dos custos crescentes.

Com um volume baixo de produção, temos poucas unidades do fator variável e grande capacidade ociosa do fator fixo. Assim, por estar longe do limite de saturação do fator fixo, a estrutura da empresa permite que sejam adicionados mais recursos variáveis (por exemplo, mão de obra), de maneira eficiente, fazendo com que os custos tenham comportamento decrescente. Porém, quando o aumento do volume de produção se aproxima da saturação do recurso fixo, os custos passam a aumentar de forma crescente. Observemos tais considerações no Gráfico 4.4.

Gráfico 4.4 – Comportamento gráfico das curvas de custo total médio (CTM), do custo variável médio (CVM) e do custo marginal (Cmg)

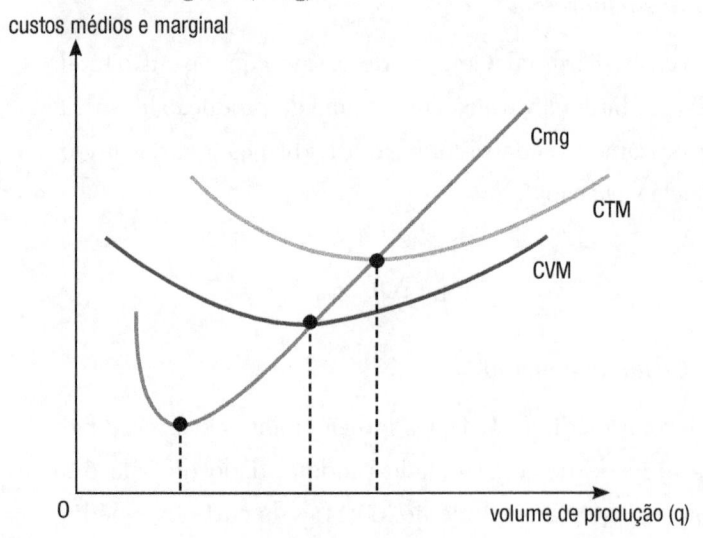

4.2.4 Externalidades

Além da distinção entre custos contábeis e custos econômicos, que consideram os custos implícitos (ou custos de oportunidade), também podemos estudar na ciência econômica os custos para a sociedade diante das decisões privadas.

Para compreender melhor essa afirmação, precisamos esclarecer o conceito de *externalidade*, ou seja, ela é um efeito não intencional gerado por uma decisão. Imagine dois indivíduos: o primeiro cultiva flores e o segundo é apicultor. Apesar de terem terrenos vizinhos, um não sabe da existência do outro; entretanto, as abelhas do apicultor voam até o cultivo do florista e polinizam as flores enquanto se alimentam. Observe que, nesse caso, mesmo sem a intenção de ajudar o vizinho, tanto o apicultor quanto o florista se beneficiaram da situação, ocorrendo o que chamamos de *externalidade positiva*.

Por outro lado, também existem as externalidades negativas. Por exemplo, suponha que o governo decida construir uma usina hidrelétrica. Apesar da intenção de gerar mais energia e ampliar o acesso de mais famílias à rede elétrica, a construção de uma usina pode provocar grandes impactos ambientais, alterando o ecossistema de uma região. Portanto, além dos custos privados que competem à empresa e sua produção, os custos sociais também merecem atenção. É preciso observar com cuidado para que as externalidades não ofereçam danos severos à sociedade.

Síntese

A teoria da produção nos oferece mecanismo para compreender como se dá a produção da empresa. Neste capítulo, estudamos a lei dos rendimentos decrescentes e seus efeitos sobre a produção de curto prazo. Também estudamos a produção média (Pme), que mede a eficiência do recurso variável, a produção total (PT), que mede a eficiência do recurso fixo, e a produção marginal (Pmg), que reflete os efeitos da lei dos rendimentos decrescentes na PT. Além disso, apresentamos o comportamento gráfico das curvas de produção de curto prazo, em que pode ser observado o comportamento conjunto de PT, Pme e Pmg.

Agora, temos elementos que nos permitem olhar além dos custos contábeis, considerando os custos de oportunidade e as externalidades. Também desenvolvemos conceitos que permitem uma análise mais completa dos custos econômicos de produção, considerando a lei dos custos crescentes e o comportamento dos custos médios, totais (CT) e do custo marginal (Cmg).

Questões para revisão

1. Na teoria da produção, no curto prazo, podemos observar que:

   a) a função de produção total é sempre crescente.
   b) a função de produção média não depende do número de trabalhadores.
   c) o comportamento da produção total é influenciado pela lei dos rendimentos decrescentes.
   d) o aumento no número de trabalhadores gera aumentos constantes na produção.

2. Explique o comportamento das curvas de produção total, produção média e produção marginal.

3. Explique como a lei dos rendimentos decrescentes se relaciona com a lei dos custos crescentes. Com base nessa relação, discorra sobre o comportamento das curvas de custos unitários e de custo marginal.

4. Assinale a alternativa correta a respeito da curva da produção total:

   a) Apresenta taxas crescentes até o ponto em que a produção média é máxima.
   b) Apresenta taxas decrescentes quando a produção marginal é negativa.
   c) É máxima quando a produção marginal é igual a zero.
   d) É máxima quando é obtida a maior eficiência dos recursos variáveis.

5. Sobre a curva de produção média, indique a afirmativa correta:

   a) A produção média reflete as taxas em que a produção total cresce.
   b) A produção média é máxima quando a produção marginal é igual a zero.
   c) A produção média é sempre decrescente e nunca será igual a zero.
   d) A produção média máxima índica a maior eficiência do recurso variável.

Questões para reflexão

1. Por que a curva de produção total cresce a taxas crescentes, e depois cresce a taxas decrescentes? Como isso se relaciona com a lei dos rendimentos decrescentes?

2. Busque exemplos de externalidades e discuta com seus colegas quais podem ser considerados benefícios e quais podem ser considerados malefícios para a sociedade.

Para saber mais

PINDYCK, R. S.; RUBINFELD, D. L. **Microeconomia**. 7. ed. Editora: Pearson, 2010.

Aqueles que desejam estudar teoria da firma com maior profundidade podem consultar este livro, que traz, em seus capítulos 6 a 11, as discussões completas com relação a essa teoria, como a produção, os seus custos, a maximização de lucros e oferta competitiva e análise de mercados.

5 estrutura de mercado e sistema brasileiro de defesa da concorrência

Érika Roberta Monteiro

conteúdos do capítulo

> Estrutura de mercado.
> Concorrência perfeita.
> Monopólio.
> Concorrência imperfeita.
> Atos de concentração e práticas anticompetitivas.
> Medição do grau de concentração dos mercados.

após o estudo deste capítulo, você será capaz de:

1. caracterizar os diferentes tipos de estrutura de mercado;
2. compreender a importância do grau de poder de mercado detido por uma empresa;
3. justificar a existência de algumas formas de monopólio;
4. compreender o papel do Sistema Brasileiro de Defesa da Concorrência;
5. diferenciar atos de concentração de práticas anticompetitivas.

5.1 Estrutura de mercado

No Capítulo 1, falamos sobre o equilíbrio de mercado obtido por meio da interação das forças de oferta e demanda, em que são definidos um preço e uma quantidade de equilíbrio. Tal situação se caracteriza por uma estrutura de mercado denominada *competição pura* ou *perfeita*. Vamos entender por quê?

Você já prestou atenção ao fato de que alguns produtos ou serviços podem ser adquiridos de inúmeros vendedores, enquanto para outros há um número restrito de fornecedores ou até mesmo um único? Você já notou que é indiferente para alguns consumidores adquirir alguns produtos ou serviços desta ou daquela empresa, com exceção dos preços, uma vez que se tratam exatamente do mesmo produto, ao passo que, para outros, a empresa, ou melhor, a marca, consiste em um diferencial?

É senso comum que, na maior parte das vezes, nós, consumidores, nos sentimos do "lado mais fraco da corda", submetidos às decisões das empresas. No entanto, a maioria de nós não se dá conta de que, em alguns casos, somos nós, os próprios consumidores, que atribuímos à empresa tal poder, sinalizando-lhe o quanto o seu produto nos é indispensável e o quanto sua marca é insubstituível. Quer um exemplo? Os refrigerantes à base de cola disponíveis no mercado são todos iguais? Não? Há algum cujo sabor seja inconfundível e pelo qual você está disposto a desembolsar um pouco mais para consumi-lo? Sim? Esse refrigerante específico, sobre o qual estamos falando, costuma estar precificado com valor acima dos demais? Sim? Será que isso ocorre por que seu custo de produção é, de fato, muito superior aos outros da mesma categoria? Penso que eu e você concordamos que a resposta para este último questionamento é não. A razão, ou melhor, a culpa da discrepância de preços deve ser atribuída a mim, a você, a todos nós, consumidores, que, involuntariamente, revelamos para algumas marcas o quanto seus produtos são insubstituíveis e o quanto estamos de acordo em pagar mais para obtê-los.

Refletir sobre a influência que tais questões exercem sobre os preços – e, portanto, sobre o bem-estar dos consumidores – requer conhecer mais detalhadamente os diferentes tipos de estruturas de mercado.

Uma estrutura de mercado nada mais é do que a forma como as diferentes atividades econômicas se organizam, segundo o grau de poder de mercado que apresentam. Entenda-se por *poder de mercado* a capacidade que uma empresa tem de influenciar o preço sob o qual os bens e serviços são negociados e, por consequência, o equilíbrio de um mercado.

Há, basicamente, quatro tipos de estruturas de mercado, diferenciáveis, sobretudo, segundo as três características a seguir:

1. número de diferentes empresas que disponibilizam o produto no mercado;

2. grau de homogeneidade do produto;

3. grau de acessibilidade de novas empresas a um dado mercado.

A Figura 5.1 ilustra as estruturas de mercado existentes, de acordo com as duas primeiras características. As explicações respectivas serão feitas nos próximos tópicos.

Figura 5.1 – Estruturas de mercado

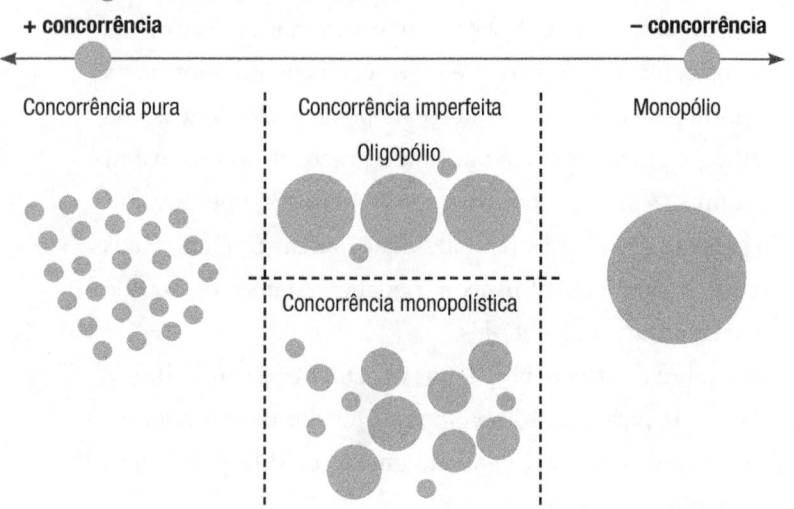

+ concorrência		– concorrência
Concorrência pura	Concorrência imperfeita	Monopólio
	Oligopólio	
	Concorrência monopolística	

5.1.1 Concorrência perfeita ou pura

Um mercado operando sob competição perfeita caracteriza-se pela existência de inúmeros consumidores e vendedores. Logo, individualmente nenhum deles é capaz de afetar o preço de equilíbrio de mercado, ou seja, cada integrante desse mercado atua como "tomador de preços".

É bem provável que desde o início do curso alguns colegas de sua turma tenham desistido. Alguns talvez não tenham se identificado com o curso, outros não dispuseram de tempo para se dedicar a ele ou, mesmo, não tiveram condições de pagá-lo. Enfim, razões diversas motivaram o cancelamento da matrícula de alguns alunos. Suponha, inicialmente, que um único aluno tenha desistido. Houve significativas mudanças em relação à turma em decorrência desse fato? Agora, suponha que 90% dos colegas tenham desistido.

Essa situação trouxe alguma consequência? É provável que aqueles poucos que persistiram tenham se unido a outras turmas. Do mesmo modo se comportam os mercados perfeitos, nos quais somente fatores ou decisões que afetam a maioria são capazes de influenciar o equilíbrio do mercado. A segunda particularidade dessa estrutura é que, como os produtos transacionados em um mercado desse tipo são homogêneos, os produtos oferecidos por diferentes produtores são iguais. Dessa vez, acompanhe o exemplo da compra de laranja em uma feira livre. Uma vez que os produtos agrícolas são muito influenciados por fatores climáticos, é razoável afirmar que haja pouca ou nenhuma diferenciação quanto à qualidade da laranja entre as diferentes barracas. Portanto, os feirantes sabem que as decisões de compra dos consumidores serão guiadas pelo preço.

No que tange à mobilidade das empresas no setor, os mercados em concorrência perfeita não apresentam quaisquer tipos de barreiras à entrada ou à saída, ou seja, nada impede que outros produtores possam, facilmente, cultivar laranja ou desistir de sua produção. Nesse caso, o preço de equilíbrio de mercado tende a se igualar ao custo marginal, dado que elevações nas margens de lucro atrairiam novos participantes, conduzindo o lucro econômico a zero.

Atente-se para o fato de que o lucro econômico difere do lucro contábil. Enquanto este se refere ao saldo positivo resultante da diferença entre receitas e custos, aquele também considera o custo de oportunidade do empresário ao empregar seus recursos em determinada atividade, ou seja, os rendimentos que poderiam ser auferidos caso tais recursos fossem empregados de outra forma.

Nesse tipo de estrutura, se uma empresa aumentar seus preços, na tentativa de compensar os custos elevados ou de ampliar a margem de lucro, perderá todo o mercado.

Na prática, esse tipo de estrutura de mercado representa apenas um ideal teórico, dificilmente identificado na realidade. Todavia, é possível aproximá-la das atividades agrícolas, segmento em que há um grande número de produtores e consumidores, inexistindo barreiras à entrada e nas quais os produtos são, em grande medida, homogêneos.

5.1.2 Monopólio

No extremo oposto à concorrência perfeita, situa-se o monopólio, uma estrutura em que há uma única empresa atuando no mercado. Assim, ela deixa de assumir os preços do mercado, passando a defini-los e, com isso, determinando o equilíbrio de mercado.

Você consegue recordar-se de um produto ou serviço para o qual exista um único fornecedor? Como consumidor, se houvesse um maior número de empresas atuando nesse mercado tal situação lhe seria benéfica, prejudicial ou indiferente?

Suponha que próximo a sua casa haja um único supermercado. Será que ele teria incentivos para fazer promoções e melhorar a qualidade dos serviços prestados ao consumidor? Certamente não. A ausência de concorrência é o grande problema dessa estrutura de mercado, uma vez que a empresa, ao reconhecer a demanda de seus consumidores como inelástica, pode subjugá-los a quaisquer condições que ela tenha estabelecido. Se é sabido que os monopólios são prejudiciais ao bem-estar dos consumidores, por que razão eles existem? Há fortes barreiras à entrada nesse mercado, cujas principais fontes estão elencadas a seguir:

> **Propriedade exclusiva de um recurso-chave** – Situação que ocorre principalmente na extração de minérios ou de petróleo, por exemplo.

> **Concessão estatal** – A esse caso podemos relacionar a concessão de patentes e a proteção de direitos autorais. Reflita sobre a indústria farmacêutica – o desenvolvimento de novas drogas sempre requer investimentos massivos em pesquisas, sem que haja qualquer garantia de sucesso ao final do processo. Em caso de êxito, o governo permite à empresa atuar como monopolista, a fim de que os recursos despendidos possam ser recuperados, incentivando-a a continuar sua atividade de inovação. Outro caso de concessão que podemos citar, embora não relacionado a patentes e direitos autorais, é o dos Correios, detentores do monopólio postal.

> **Eficiência da empresa** – Quando uma única empresa consegue servir a todo o mercado a um custo unitário menor do que se houvesse mais empresas, essa estrutura monopolista se denomina *monopólio natural*. Tal situação se caracteriza pela presença de um volume significativo de recursos para dar início à atividade e também pela presença de economias de escala. Em casos como esse, por mais contraditório que possa parecer, é a melhor situação para o consumidor. Setores de infraestrutura costumam adequar-se bem a essa definição, sendo a prestação de serviços de saneamento um bom exemplo. Se toda a rede de água e esgoto tivesse de

ser duplicada, os custos cresceriam muito, inviabilizando a operação.

Em particular, esses segmentos costumam prover serviços essenciais à população e, portanto, devem ser ofertados diretamente pelo Estado ou, em caso de prestação privada, devem estar submetidos às determinações de agências reguladoras, a quem cabe decidir sobre quantidades, preços e investimentos.

5.1.3 Concorrência imperfeita

Entre os dois extremos discutidos até aqui, encontram-se as estruturas de competição imperfeita: oligopólio e concorrência monopolista, as quais serão apresentadas nos próximos tópicos.

5.1.3.1 Oligopólio

Os oligopólios consistem em um tipo de estrutura que apresenta características muito distintas quando comparadas a um mercado em concorrência perfeita. Tal estrutura apresenta um número bastante reduzido de empresas com poder econômico relevante atuando em determinado segmento, podendo ofertar produtos homogêneos ou heterogêneos.

Note que, enquanto no mercado em concorrência perfeita o impacto das decisões tomadas individualmente pelas empresas atuantes é insignificante, para aqueles que atuam sob estruturas de oligopólios, as estratégias da concorrência são extremamente relevantes. Essa, inclusive, é a razão pela qual se costuma afirmar que tais empresas são interdependentes. Por esse motivo, há um risco em potencial de que essas empresas combinem preços ou fatias do mercado, atuando como monopolistas e, assim, auferindo maiores lucros, em detrimento do bem-estar dos consumidores. Tal conduta anticompetitiva é conhecida por *cartel*.

5.1.3.2 Concorrência monopolística

Essa estrutura se caracteriza por um grande número de empresas ofertando produtos levemente diferenciados, em mercados nos quais praticamente inexistem barreiras significativas à entrada e à saída. A combinação de um grande número de produtores associada à diferenciação dos produtos torna cada produto único diante dos demais e, portanto, monopolista. Isso acontece ao mesmo tempo que se garante ao consumidor o poder de escolha, exercido entre os diversos produtos e empresas. Assim, são mercados em que há concorrência.

Tal comportamento monopolista tende a manter-se somente no curto prazo, dado que a presença de lucro econômico positivo em um ambiente em que não existem barreiras atrai novos concorrentes, aproximando novamente esse mercado de uma estrutura concorrencial.

Nesse ambiente, a propaganda configura-se como um importante instrumento – ou, melhor dizendo, uma importante arma – a fim de explicitar ao consumidor as peculiaridades de cada produto. O intuito é de fidelizá-lo a determinada marca.

O Quadro 5.1 sintetiza as principais similaridades e diferenças quanto às três características básicas relativas a cada estrutura de mercado, as quais acabamos de discutir.

Quadro 5.1 – Síntese das estruturas de mercado e de suas principais características

Estrutura de mercado	Número de empresas	Grau de homogeneidade	Grau de mobilidade
Concorrência perfeita	Muitas	Produtos homogêneos	Inexistem barreiras à entrada e à saída
Monopólio	Uma	-	Barreiras significativas à entrada e à saída
Oligopólio	Poucas	Produtos homogêneos ou heterogêneos	Existência de barreiras à entrada
Concorrência monopolística	Muitas	Produtos heterogêneos	Inexistem barreiras à entrada e à saída

5.1.4 A defesa da livre concorrência

A importância da concorrência, muito em voga na atualidade, é uma preocupação relativamente recente na economia brasileira. Enquanto nos Estados Unidos tal legislação data de 1890, com a Lei Sherman, que visava coibir a formação de trustes e monopólios, no Brasil, a primeira lei a definir os crimes contra a economia popular foi instituída em 1938, com o Decreto n. 869 (Salgado, 1995).

Desde o governo do então Presidente Getúlio Vargas, diversas outras legislações foram sancionadas, até que, em 1962, a Lei n. 4.137, de 10 de setembro de 1962 (Brasil, 1962), criou o órgão hoje responsável por apurar e reprimir qualquer tipo de abuso ao poder econômico: o Conselho Administrativo de Defesa Econômica (Cade).

No que tange ao aspecto constitucional, o inciso IV do art. 170 da Constituição de 1988 enuncia o princípio da livre concorrência, e o parágrafo 4º, inciso V, do art. 173 dispõe que "A lei reprimirá o abuso do poder econômico que vise à dominação dos mercados, à eliminação da concorrência e ao aumento arbitrário dos lucros" (Brasil, 1988).

Todavia, entre as décadas de 1960 e 1990, tais legislações tiveram pouca relevância prática, uma vez que as políticas econômicas brasileiras voltadas à proteção da indústria nacional e ao controle de preços – a última motivada pela pressão inflacionária galopante do período – iam de encontro aos princípios da livre concorrência.

Foi somente com o processo de abertura econômica, iniciado em 1990 pelo então Presidente Fernando Collor de Mello, e a instituição do Plano Real em 1994, quando se conquistou a estabilização dos preços, que tais instrumentos pró-competitivos ganharam relevância econômica e jurídica. Ademais, em 1994 também foi instituída a Lei n. 8.884, de 11 de junho de 1994, popularizada como a *Lei de Defesa da Concorrência*, transformando o Cade em uma entidade autônoma, vinculada ao Ministério da Justiça, e estabelecendo a política de concorrência a ser, dessa vez, implementada no país (Brasil, 1994).

Recentemente, o Sistema Brasileiro de Defesa da Concorrência (SBDC) foi novamente reestruturado, por meio da Lei n. 12.529, de 30 de novembro de 2011, da qual se destacam:

> a análise prévia dos atos de concentração, uma vez que a legislação anterior permitia que a submissão à análise do Cade ocorresse após a assinatura do contrato;

> a estrutura administrativa, que anteriormente estava segmentada em três órgãos – Conselho Administrativo de Defesa Econômica (Cade), Secretaria de Acompanhamento Econômico (Seae) e Secretaria de Direito Econômico (SDE) –, passa a contar somente com os dois primeiros, imprimindo maior velocidade às análises dos processos.

5.1.4.1 Atos de concentração e práticas anticompetitivas

Além do papel educativo – que implica difundir à sociedade a importância e os benefícios da livre concorrência – exercido pelos órgãos que constituem o Sistema Brasileiro de Defesa da Concorrência (SBDC), suas funções compreendem ainda uma ação preventiva e outra repressiva. A primeira está relacionada à análise dos atos de concentração e a outra se concentra na investigação e na punição de práticas anticompetitivas.

Os atos de concentração referem-se ao acúmulo de poder econômico decorrente de fusões, incorporações e aquisições de empresas, bem como de associações entre agentes econômicos. A diferença fundamental entre as três primeiras formas de concentração está na formação societária, a saber, respectivamente: duas ou mais empresas unem-se dando origem a uma terceira; uma ou mais empresas incorporam outra, sendo que somente a última deixa de existir; e uma empresa somente adquire posição majoritária no controle de outra, mantendo, contudo, ambas as pessoas jurídicas.

Todavia, no que compete à associação, estabelece-se um acordo entre diferentes empresas para a criação de uma nova, relacionado a um fim específico. Esse arranjo, diferentemente dos demais, não envolve todos os campos de atuação de uma empresa, podendo concentrar-se em atividades de pesquisa e desenvolvimento (P&D), criação de um novo produto ou até atuação no mesmo segmento das empresas que o constituíram (Cade, 2007).

Ademais, os atos de concentração podem realizar-se nas formas horizontal ou vertical, sendo que, na primeira, os processos ocorrem entre empresas concorrentes e, na segunda, as operações envolvem partes distintas da cadeia produtiva.

Entre os exemplos recentes, destacam-se: a fusão entre a Sadia e a Perdigão, com a criação da BRF (Brasil Foods), e a incorporação do Unibanco pelo Itaú, ambas concentrações horizontais; a *joint venture* (aquisição) constituída pela Bauducco e pela Hershey's, a fim de fabricar e distribuir os chocolates desta última no Brasil; e, por fim, financeiras de propriedade de redes varejistas, possibilitando às lojas não apenas comercializar os produtos, como também financiá-los, tal como a rede Marisa, especializada em moda feminina.

Por sua vez, as práticas anticompetitivas referem-se a ações adotadas por empresas que apresentam poder de mercado, tendo em vista reduzir ou eliminar a concorrência nos segmentos em que atuam. Dentre essas práticas, destacam-se as seguintes:

> **Venda casada** – Ocorre quando uma empresa vincula a compra de um bem ou serviço a outro, pelo qual o consumidor não possui interesse.

> **Cartel** – Consiste em um acordo firmado entre concorrentes a fim de fixar preços ou dividir mercados; constitui a infração mais grave à ordem econômica.

> **Preços predatórios** – Referem-se à negociação de bens ou serviços a preços inferiores aos custos de produção com o intuito de criar uma barreira artificial à entrada de novos concorrentes, perpetuando assim o poder de mercado da empresa estabelecida. Nesse caso, os prejuízos de curto prazo serão convertidos em ganhos extraordinários no longo prazo.

> **Acordos de exclusividade** – Ocorrem quando o fornecimento de um produto está condicionado à restrição da oferta de produtos concorrentes.

> **Dumping** – Ocorre quando o preço praticado por um produto no mercado externo é menor do que o preço do produto em seu país de origem.

5.1.5 Como medir o grau de concentração dos mercados?

A finalidade das medidas de concentração é mensurar se em determinado setor há ou não poder de mercado, ou seja, se determinada empresa é capaz de influenciar o equilíbrio do mercado, fixando preços acima dos praticados pelos concorrentes.

Há diversas métricas que podem ser utilizadas. Contudo, simplificadamente, uma forma de avaliar o grau de concentração de determinado segmento é observar o *market share*, ou seja, a fatia de mercado de uma empresa em comparação às demais. Pode-se considerar que, se em determinado setor quatro ou menos empresas corresponderem praticamente à totalidade da oferta desse mercado, essa estrutura será pouco concorrencial.

Síntese

Neste capítulo, você pôde compreender a importância do aspecto concorrencial no que tange à eficiência do funcionamento dos mercados. Para tanto, identificamos três características básicas: o número de empresas atuantes no segmento, o grau de homogeneidade dos produtos e serviços e a existência ou não de barreiras à entrada no setor. Com base nelas, identificamos quatro tipos de estruturas – concorrência perfeita, monopólio, oligopólio e concorrência monopolística.

Em seguida, levantamos o histórico sobre o Sistema Brasileiro de Defesa da Concorrência (SBDC), bem como analisamos algumas das principais práticas anticompetitivas e os atos de concentração. Por fim, apresentamos uma maneira bastante simplificada de avaliar o grau de concentração nos mercados.

Questões para revisão

1. Quais são as três principais características com base nas quais se define uma estrutura de mercado?

2. Qual é a diferença entre atos de concentração e práticas anticompetitivas?

3. Indique se as afirmações a seguir são verdadeiras (V) ou falsas (F):

( ) A competição perfeita é o tipo de estrutura de mercado mais comum entre as atividades produtivas.
( ) A presença de barreiras à entrada amplia o grau de concorrência em dado setor produtivo.
( ) A concessão de patentes justifica a presença de monopólios em segmentos tal como o farmacêutico por um dado período.
( ) No Brasil, o Cade é o órgão responsável por zelar pela livre concorrência.
( ) Uma das características associadas à concorrência monopolística é a comercialização de produtos homogêneos.

Agora, assinale a alternativa que corresponde à sequência correta:
a) V, V, F, F, F.
b) F, V, F, V, F.
c) F, F, V, V, F.
d) V, V, F, F, F.
e) F, F, V, F, F.

4. Assinale a alternativa correta quanto às estruturas de mercado:

a) Em um oligopólio, nenhuma empresa individualmente é capaz de alterar o equilíbrio de mercado.
b) O tipo de estrutura de mercado em que há uma única empresa fornecendo determinado produto é chamado *concorrência monopolística.*
c) Os serviços de saneamento exemplificam um monopólio natural.

d) Os monopólios apresentam uma propensão à formação de cartéis, devido à presença de poucas empresas com poder econômico significativo.

e) A semelhança entre a concorrência perfeita e a concorrência monopolística é a existência de barreiras à entrada.

5. Quanto aos atos de concentração e às práticas anticompetitivas, assinale a alternativa correta:

a) Os atos de concentração constituem práticas anticompetitivas condenadas pelo Sistema Brasileiro de Defesa da Concorrência (SBDC).

b) O ato de concentração ocorrido entre Sadia e Perdigão, que levou à formação da BRF (Brasil Foods), é denominado *concentração horizontal*.

c) Uma venda casada ocorre quando os custos de produção são superiores aos preços de venda de determinado bem ou serviço.

d) Quando empresas de um mesmo setor firmam acordos para dividir mercados, cometem uma infração denominada *acordo de exclusividade*.

e) O ato de concentração firmado entre o Itaú e o Unibanco foi uma fusão, uma vez que não foi criada uma nova pessoa jurídica.

Questões para reflexão

1. Leia o texto a seguir e avalie em que tipo de violação à ordem econômica podemos classificar a prática atribuída ao Banco do Brasil. Justifique.

> O Conselho Administrativo de Defesa Econômica (Cade) determinou que a Secretaria de Direito Econômico (SDE) investigue a prática pela qual o Banco do Brasil só estaria concedendo crédito rural se o produtor adquirir o seguro rural. Advogados do BB e da Mapfre, que se associou ao banco estatal, negaram a prática.
>
> Fonte: Basile, 2012.

2. Sabe-se que empresas de energia elétrica, bem como empresas de saneamento, costumam atuar como monopolistas – tipo de estrutura de mercado em que há uma única empresa produtora ou prestadora de certo bem ou serviço. Uma vez que a concorrência tende a beneficiar o consumidor ao promover a redução de preços, por que razão não há mais de uma empresa atuando em cada um desses setores?

Para saber mais

CADE – Conselho Administrativo de Defesa Econômica. **Defesa da concorrência**. 2014. Disponível em: <http://portal.mj.gov.br/main.asp?Team=%7BDA2BE05D-37BA-4EF3-8B55-1EBF0EB9E143%7D>. Acesso em: 8 out. 2014.

O CADE – Conselho Administrativo de Defesa Econômica, no cumprimento de seu papel informativo, tem lançado diversas cartilhas em linguagem acessível, a fim de difundir a importância da defesa da concorrência, da identificação e repressão a práticas anticompetitivas, entre elas o combate a cartéis na revenda de combustíveis, a defesa da concorrência no judiciário, o combate a cartéis em licitações, entre outros temas de interesse.

6 problema da incerteza
Pedro Augusto Godeguez da Silva

conteúdos do capítulo

> Breve abordagem microeconômica sobre incerteza.
> Custos de transação.
> Assimetria de informação.
> *Moral hazard* (risco moral).
> Seleção adversa.

após o estudo deste capítulo, você será capaz de:

1. compreender o conceito de *incerteza* sob a ótica microeconômica;
2. identificar os custos de transação;
3. identificar as formas *ex-ante* e *ex-post* de atitudes oportunistas;
4. identificar e compreender os conceitos econômicos dos problemas gerados pela assimetria de informação.

A incerteza é um fenômeno comum no estudo da economia. Sempre que um agente precisa tomar decisões, as escolhas que as compõem estão sujeitas a um considerável grau de incerteza. Mas como as pessoas lidam com cenários incertos e possibilidade de riscos?

Neste capítulo, estudaremos alguns conceitos de origem microeconômica sobre incerteza. Para o desenvolvimento dessa abordagem, serão utilizados elementos da economia dos custos de transação, que, ao contrário da microeconomia tradicional, considera uma perspectiva que vai além dos custos de produção. Isso envolve incertezas a respeito do comportamento dos agentes na economia, que podem agir de maneira oportunista, explorando as assimetrias de informação.

6.1 Riscos e incertezas

As pessoas têm preferências diferentes; algumas são mais propensas a arriscar e outras são mais conservadoras, com menos disposição de enfrentar os riscos. Algumas preferem a montanha-russa, rápida e cheia de adrenalina; outras, a roda-gigante; há ainda quem prefira o carrossel, que é calmo como a roda-gigante, mas sem o risco causado pela altura.

Ou seja, baseando-se nas suas preferências, as pessoas calculam riscos o tempo todo e, assim, determinam o grau dos riscos que estão dispostas a assumir diante das incertezas que permeiam as decisões, buscando formas de reduzi-los. Tais decisões são cotidianas e envolvem coisas simples, como deixar o carro sem seguro na rua ou no estacionamento ou, mesmo, a decisão de fazer o próprio seguro. A nossa racionalidade limitada não nos permite ter acesso a todas as informações para a tomada de decisão, portanto, buscamos o melhor posicionamento com o máximo de informações possível.

Muitos autores tratam riscos e incertezas como sinônimos – e neste capítulo também não faremos a distinção entre ambos com frequência. No entanto, uma abordagem tradicional difere os dois conceitos com base nas probabilidades de ocorrência. Dessa maneira, a incerteza refere-se a uma situação em que, apesar de haver muitos resultados possíveis, não se conhece a probabilidade da ocorrência de nenhum deles. Já o risco é referente aos possíveis resultados em que se pode determinar a probabilidade de ocorrência. Nesse aspecto, a probabilidade é determinada de maneira objetiva ou subjetiva. Quanto à objetiva, podemos citar como exemplo as estatísticas de segurança. Assim, imagine que em determinado trecho da cidade, em determinado horário, a cada "X" pessoas que passam de carro, "Y" são assaltadas. Possivelmente essa probabilidade foi calculada com base nas ocorrências registradas pela polícia, indicando-nos de maneira objetiva os riscos de passar naquele local em determinado horário. Por outro lado, a probabilidade de ocorrência de um evento também está associada de maneira subjetiva às diferentes percepções das pessoas, o que justifica o fato de elas atribuírem diferentes resultados ao decidir sobre situações parecidas.

Também observamos no ambiente empresarial um local repleto de riscos e incertezas. As decisões estratégicas sempre são tomadas pensando na reação dos diversos agentes que compõem o ambiente em que a empresa se insere, entre eles, os concorrentes e os clientes.

Uma forma de garantir ou de mitigar os riscos é o contrato. Com essa formalização, as empresas podem percorrer um caminho menos sinuoso em relação às atitudes e estratégias de outras empresas concorrentes ou mesmo daquelas que ofertam bens ou serviços fundamentais para a sua atividade produtiva. Sob esse aspecto, pode haver contratos de fornecimento de matéria-prima, contratos de prestação de serviços e de diversas outras modalidades. No entanto, a elaboração de contratos tem um custo – dinâmica estudada pela economia dos custos de transação, que discutiremos a seguir.

6.2 Assimetria de informação e custos de transação

A teoria dos custos de transação nos oferece uma abordagem distinta da microeconomia neoclássica. Ronald Coase, em 1937, iniciou a abordagem dos custos de transação defendendo outras variáveis ao modelo da produção econômica, ou seja, segundo ele, o ato de comprar e vender também acarretaria gastos (Coase, 1937).

Como já estudamos, na microeconomia tradicional, a função de produção é determinada por uma relação entre insumos e produto, cabendo ao economista estabelecer matematicamente a melhor combinação possível para maximizar os lucros da empresa. Os únicos custos relevantes, diante dessa abordagem tradicional, são os relacionados diretamente à produção, negligenciando assim os custos envolvidos em negociações, contratos, logística, entre outros.

Os custos de transação ocorrem sempre que os agentes econômicos recorrem ao mercado, fato que exige a necessidade de negociar, redigir e garantir o cumprimento de determinado contrato. Na microeconomia neoclássica, os contratos não acarretam custo, devido à hipótese de simetria de informação, característica presente no mercado de concorrência pura que garante que os agentes compradores e vendedores tenham o mesmo conhecimento em relação ao objeto em negociação. Porém, na teoria dos custos de transação, a hipótese de simetria de informação é abandonada e a unidade básica de análise dos custos, de maneira a reduzir a assimetria de informação, passa a ser a transação, bem como os contratos.

Oliver Williamson, Prêmio Nobel de Economia em 2009, modernizou a visão de Ronald Coase e elaborou hipóteses fundamentais à teoria dos custos de transação, entre as quais se destacam as seguintes: racionalidade limitada; complexidade e incerteza; oportunismo e especificidade dos ativos (Williamson, 1981).

A primeira hipótese limita a ideia de racionalidade encontrada na microeconomia tradicional. Não se recusa totalmente a racionalidade dos agentes econômicos, porém consideram-se as limitações naturais do ser humano em processar, acumular e transferir informações, assim como observado pelo professor Herbert Simon (1966), que ganhou o Prêmio Nobel de Economia em 1978. A hipótese de racionalidade limitada não faria sentido se o ambiente em que se tomam as decisões fosse totalmente previsível e simples, fato que nos conduz à segunda hipótese: complexidade e incertezas do ambiente.

A racionalidade limitada associada ao ambiente complexo e incerto gera assimetria de informações entre os agentes em determinada negociação, afetando o resultado final da transação. Essas diferenças de informações, diante de um ambiente complexo com agentes racionalmente limitados, são condições propícias para que os agentes econômicos tomem iniciativas oportunistas.

O conceito de oportunismo na teoria dos custos de transação não apresenta o mesmo sentido do oportunismo do caso em que o agente possui habilidade de identificar e explorar as possibilidades de ganho oferecidas pelo ambiente. Na teoria em questão, o oportunismo está associado à astúcia em manipular as assimetrias de informação por meio de informações seletivas e distorcidas e promessas "autodesacreditadas". No trabalho de Oliver Williamson (1981), podemos encontrar a definição de duas formas de oportunismo:

> *Ex-ante* (antes de ocorrer a transação) – modalidade em que o agente contratado já sabe que não terá a capacidade de cumprir o prometido. Esse impasse é conhecido como *seleção adversa*.

> *Ex-post* (depois de ocorrer a transação) – Nessa forma de oportunismo, depois de contratada a transação, pode haver problemas na sua execução. Por exemplo, a redução da qualidade de um insumo pela empresa fornecedora, com intuito de reduzir custos. Esse impasse é conhecido como *risco moral* (*moral hazard*).

Outra hipótese relevante é a dos ativos específicos, uma condição de especificidade que ocorre quando os números de produtores capazes de produzir determinado ativo e de compradores interessados são reduzidos. Em uma situação limite de monopólio bilateral, dado o vínculo entre comprador e vendedor, a parte que realizou o investimento poderia ficar vulnerável às ameaças da outra parte, o que garantiria mais vantagens nas negociações. Quanto mais amplo o grau de especificidade de um ativo, maiores serão as incertezas e os riscos de adaptação ao ambiente, fazendo com que os custos de transação aumentem significativamente.

No trabalho de Williamson (1981), também podemos encontrar características acerca da especificidade dos ativos, que podem ser classificadas, basicamente, em quatro categorias – especificidade de localização, especificidade física, especificidade de capital humano e especificidade de ativos dedicados –, explicadas a seguir:

1. A especificidade de localização, como o próprio nome indica, garante vantagens reduzindo custos de transporte ou estocagem, pois, uma vez feitas as instalações da empresa produtora, a possibilidade de mudar de localização será difícil ou impossível.

2. As especificidades físicas se relacionam ao *design* do próprio produto e a como ele afeta o valor do produto no mercado. Equipamentos feitos por encomenda têm limitações quanto a aplicações alternativas.

3. Especificidades de capital humano estão atribuídas basicamente à qualidade da mão de obra, que, quanto mais qualificada, mais específica.

4. A especificidade dos ativos dedicados ocorre quando um fornecedor realiza um investimento que, se não houvesse grande expectativa de vendas de uma quantidade expressiva de seus produtos, não seria feito.

Podemos observar, ainda, que cada tipo de contrato pode gerar diferentes níveis de eficiência, discussão que se baseia no tempo de duração dos contratos. Os de curta duração normalmente são mais eficientes, pois ambas as partes se empenham ao máximo para fazer valer o custo de elaboração do contrato. Em um contrato curto, o custo de rompimento é baixo, pois a empresa pode recorrer ao mercado novamente e estabelecer negociações com outras empresas, justamente pelo fato de esse contrato não permitir um estreitamento das afinidades ou dos objetivos entre as empresas.

Já um contrato de longo prazo permite às empresas envolvidas estabelecerem um relacionamento mais próximo, com possibilidades de criação de ativos específicos. No entanto, esse relacionamento normalmente leva a uma menor eficiência, sobretudo se comparado à eficiência dos contratos curtos. Justamente pelo estreito relacionamento desenvolvido, o custo para se romper o contrato é alto, portanto, algum grau de comodidade – e ineficiência – é aceito pelas contrapartes.

Síntese

Neste capítulo, abordamos os temas referentes ao ambiente de incertezas e riscos, no qual as decisões estão inseridas e exercem grande influência na vida das pessoas e das empresas. Observamos que os diversos agentes de uma economia possuem diferentes propensões sobre os riscos, comportamento que influi diretamente no perfil estratégico das decisões de cada agente, principalmente pelo fato de as probabilidades relacionadas ao risco estarem sujeitas tanto a fatores objetivos quanto a subjetivos.

Também apresentamos a teoria econômica dos custos de transação e como ela se posiciona diante da microeconomia tradicional, em que apenas os custos relacionados aos fatores de produção eram considerados. Com a flexibilização do pressuposto clássico da racionalidade, em que os agentes passam a ter uma racionalidade limitada, a economia dos custos de transação busca compreender e analisar as incertezas geradas pelas assimetrias de informação, as quais permitem atitudes oportunistas dos agentes, dos tipos *ex-ante* e *ex-post*. Tal teoria apresenta o contrato como unidade fundamental para buscar balancear essas assimetrias e, dessa maneira, tentar mitigar os riscos e as incertezas no caminho dos indivíduos e das empresas.

Questões para revisão

1. Discuta sobre as situações de risco e incerteza que podem influenciar o ambiente empresarial. Depois, escreva dois exemplos e explicite como os contratos poderiam reduzir os riscos e as incertezas.

2. O ganhador do Prêmio Nobel de Economia de 2009, Oliver Williamson, identificou duas formas de oportunismo, *ex-ante* e *ex-post*. Explique cada uma delas e dê exemplos recorrendo a situações que você já tenha vivenciado.

3. Imagine uma situação em que um candidato a determinado cargo de uma empresa precise passar por uma semana de experiência. Imagine, também, que durante esse tempo o candidato adotou uma postura exemplar e foi contratado. No entanto, após a contratação, ele mudou sua postura e passou a ser ineficiente. Assinale a alternativa que apresenta a falha de mercado relacionada à situação apresentada:

a) Externalidade.
b) *Moral hazard.*
c) Assimetria de informação.
d) Seleção adversa.

4. Sobre um contrato de curta duração, podemos afirmar que:

   a) o custo de rompimento é maior do que o de um contrato de longo prazo, pois reduz a eficiência da empresa.
   b) o custo de rompimento é menor do que um contrato de longo prazo, pois não há ativos específicos de relacionamento.
   c) a eficiência normalmente é menor do que a observada em contratos longos.
   d) é sempre mais eficiente, pois permite algum grau de comodidade entre os contratados.

5. Sobre as formas de oportunismo, assinale a alternativa correta:

   a) A forma de oportunismo que ocorre após a transação é chamada de *moral hazard.*
   b) A forma de oportunismo que ocorre antes da transação é chamada de *seleção adversa.*
   c) O oportunismo pode se manifestar tanto *ex-ante* quanto *ex-post* e não depende da assimetria de informação.
   d) O oportunismo só pode ser observado após a transação ocorrer, o que podemos chamar de oportunismo do tipo *ex-ante.*

Questão para reflexão

1. Tomando como base as falhas de mercado estudadas neste capítulo, identifique e discuta as prováveis falhas de mercado existentes nas situações a seguir:

   a) Programa de Silêncio Urbano e o combate à poluição sonora no estado de São Paulo.

   b) Legislação antifumo e a proibição para fumantes em locais fechados.

   c) Problemas ambientais relativos à recursos comuns, como por exemplo a poluição do ar.

   d) Mercado de seguros de automóveis. O comportamento do segurado muda após a contratação do seguro?

   e) Contratação de um novo funcionário.

   f) Informações levantadas pelo banco ao conceder empréstimos.

Para saber mais

FARINA, E. M. Q.; AZEVEDO, P. F.; SAES, M. S. M. **Competitividade:** mercado, estado e organizações. São Paulo: Singular, 1997.

Aqueles que desejam estudar a incerteza no mercado competitivo com maior profundidade podem consultar essa obra. Ela é dividida em três partes, unindo os conceitos de nova economia das instituições e a teoria da organização industrial, além de analisar a competitividade nos sistemas agroindustriais, como o do café, leite e trigo. Os autores são integrantes do Programa de Estudos dos Negócios do Sistema Agroindustrial (Pensa-FIA/USP), que é um centro do pensamento sobre esses assuntos.

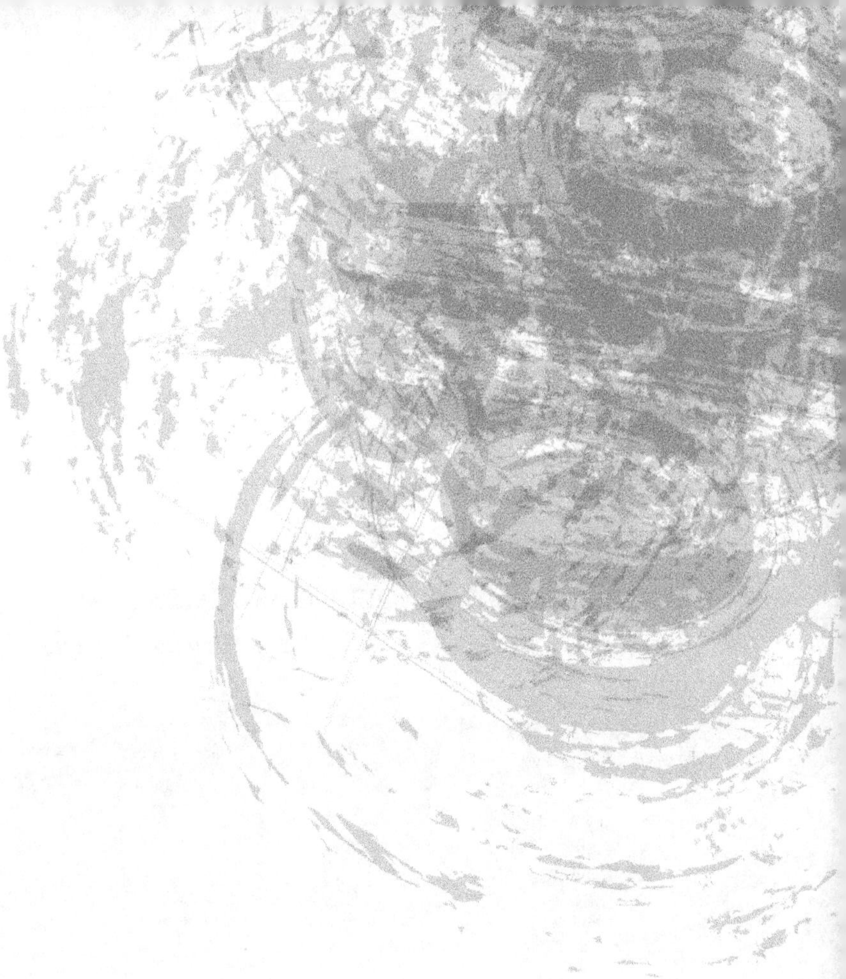

7
teoria dos jogos
Pedro Augusto Godeguez da Silva

conteúdos do capítulo

> Conceito de *teoria dos jogos*.
> Equilíbrio de Nash.
> Dilema dos prisioneiros.

após o estudo deste capítulo, você será capaz de:

1. compreender conceitos básicos sobre teoria dos jogos;
2. identificar o equilíbrio de Nash;
3. compreender e interpretar o jogo clássico do dilema dos prisioneiros.

A teoria dos jogos estuda o comportamento estratégico das pessoas ou das empresas. Pode ser considerada uma importante ferramenta de decisão no ambiente empresarial, ajudando uma empresa a se posicionar diante da estratégia de seus concorrentes. É o caso da decisão de quando entrar ou sair de determinado mercado, ou mesmo quando agir de maneira mais agressiva em relação ao posicionamento de sua marca. Em uma decisão estratégica desse tipo, cada jogador, ao tomar sua decisão, deve considerar como os demais jogadores irão reagir.

Portanto, a teoria dos jogos oferece ferramentas para tentar prever o movimento estratégico de agentes que atuam (ou competem) em determinado mercado. Um exemplo clássico é o do dilema dos prisioneiros, explorado no tópico 7.3 deste capítulo, o qual nos permite compreender melhor as possíveis decisões estratégicas que um jogo oferece.

Contudo, são diversas as aplicações econômicas dessa teoria, destacando-se o estudo de estratégias em mercados de oligopólio ou mesmo em leilões.

7.1 Conceitos fundamentais

Para compreender com clareza a teoria dos jogos, é preciso esclarecer alguns pontos fundamentais. Em primeiro lugar, este capítulo apresentará jogos que envolvam jogadores racionais, ou seja, aqueles que consideram as consequências de suas ações.

Mas como se define um jogo? Ele nada mais é do que uma situação em que os participantes de um mercado (ou jogadores) tomam decisões estratégicas que maximizam seus *payoffs* (ou resultados) e que levam em consideração as respostas e as reações dos outros agentes. As estratégias adotadas serão bem-sucedidas ou falharão, dependendo das decisões tomadas pelos concorrentes.

Um jogo pode ser do tipo cooperativo, em que é possível aos jogadores negociarem contratos que lhes permitam planejar estratégias em conjunto, ou do tipo não cooperativo, em que a negociação conjunta não é possível e, portanto, cada jogador (ou agente) deve atuar individualmente. Cada jogador pode, ainda, apresentar uma estratégia dominante, ou seja, aquela que representa o melhor *payoff*, independentemente do que os adversários possam fazer.

No caso de um jogo em que cada jogador apresenta uma estratégia dominante, temos um resultado chamado de *equilíbrio de estratégias dominantes*, pois as melhores escolhas não dependem das decisões do concorrente. Se um dos jogadores não tiver uma estratégia dominante, sua melhor decisão dependerá das ações de seu concorrente.

7.2 O equilíbrio de Nash

O equilíbrio de Nash é um conjunto de estratégias em que cada jogador faz sua melhor jogada em função das ações dos concorrentes. Nem todo jogo apresenta o equilíbrio de Nash, no entanto, alguns deles podem apresentar uma ou mais situações com tal equilíbrio.

Como na situação de equilíbrio os jogadores fazem as melhores jogadas diante do comportamento dos concorrentes, qualquer alteração na conduta dos participantes os tiraria do equilíbrio e poderia piorar a situação de ao menos um deles.

Portanto, considera-se que o equilíbrio de Nash seja uma situação estável, dado que os jogadores não teriam grandes incentivos para sair desse equilíbrio unilateralmente.

7.3 O dilema dos prisioneiros

O dilema dos prisioneiros reflete a situação de dois jogadores, por exemplo, Bonnie e Clyde*. Tais jogadores possivelmente cometeram algum crime juntos, no entanto, na tentativa de fazê-los confessar, os policiais os mantiveram em salas separadas, sem que houvesse a possibilidade de comunicação entre eles. Contando com a impossibilidade de comunicações, os policiais oferecem o mesmo acordo tanto para Bonnie quanto para Clyde, como exposto a seguir:

> Se apenas um deles confessasse, o que assim fizesse ganharia a liberdade, e o que não confessasse seria preso por vinte anos.

> Se os dois confessassem, ambos seriam presos por oito anos.

> Se nenhum deles confessasse, então os dois seriam presos por um ano.

Essas possibilidades de decisão formam uma matriz de *payoffs* (ou resultados), conforme pode ser visto na Figura 7.1.

---

* Referência a Bonnie Parker e Clyde Barrow, que aterrorizaram os EUA na década de 1930, assaltando bancos, roubando comerciantes e, eventualmente, matando quem lhes atravessasse o caminho.

Figura 7.1– O dilema dos prisioneiros

		Decisão de Bonnie	
		Confessa	Permanece em silêncio
Decisão de Clyde	Confessa	Bonnie pega 8 anos / Clyde pega 8 anos	Bonnie pega 20 anos / Clyde é solto
	Permanece em silêncio	Bonnie é solta / Clyde pega 20 anos	Bonnie pega 1 ano / Clyde pega 1 ano

Se você estivesse no lugar de Bonnie ou no lugar de Clyde, que decisão tomaria? Vamos refletir sobre essa pergunta analisando as possibilidades de resultados. Se tanto Bonnie quanto Clyde permanecessem em silêncio, os dois pegariam um ano de prisão, ou seja, ambos teriam a mesma pena e não delatariam o parceiro. Se houvesse uma possibilidade de comunicação entre eles, talvez optassem pela estratégia cooperativa, no entanto, como estavam incomunicáveis, deveriam tomar sua decisão sem saber em que o outro estava pensando.

Vamos refletir, então, sobre as estratégias não cooperativas e individuais de um deles. Por exemplo: Clyde talvez estivesse pensando que, se Bonnie confessasse, seria melhor ele confessar também e pegar oito anos de prisão, do que a possibilidade de Bonnie confessar, ele se manter em silêncio e pegar vinte anos de prisão. Outro pensamento que possivelmente passou pela cabeça de Clyde é que, no caso de Bonnie se manter em silêncio, sua melhor estratégia seria também a de confessar, pois assim ficaria livre e não correria o risco de ficar preso por um ano.

Após refletir sobre todas as jogadas que Bonnie poderia fazer, Clyde percebeu que sua estratégia dominante era a de confessar. Agora, devemos pensar que Bonnie fez o mesmo exercício cognitivo, pensou em todas as possíveis jogadas de Clyde e também percebeu que sua melhor estratégia era a de confessar, dado que as possibilidades de jogadas de Bonnie e Clyde são as mesmas.

Como tanto Bonnie quanto Clyde identificaram que a melhor estratégia individual seria a de confessar, foi exatamente o que fizeram. Portanto, como resultado do jogo, os dois pegaram oito anos de prisão. Observe que esse resultado, apesar de não ser o melhor para ambos, caracteriza-se como um equilíbrio de Nash, pois, individualmente, os dois jogadores tomaram a melhor decisão diante das possibilidades de decisão do outro jogador.

Síntese

Este capítulo objetivou introduzir elementos da teoria dos jogos, apresentar algumas de suas aplicações e exemplificar, por meio de um cenário simples, as diversas estratégias que podem ser adotadas pelos agentes em determinada situação.

No exemplo em que Bonnie e Clyde refletem acerca de suas possibilidades de jogada (ou de decisões estratégicas), fica claro como a dinâmica de decisão entre os jogadores pode mudar se houver possibilidade de um jogo cooperativo ou se o jogo for não cooperativo. Ainda no mesmo caso, em que não houve cooperação, em virtude da impossibilidade de comunicação, o resultado do jogo não foi o melhor para ambos, porém, individualmente, obedeceram ao princípio da racionalidade e fizeram as melhores escolhas possíveis diante das estratégias que poderiam ser tomadas pelo seu parceiro.

Nesse jogo, pudemos observar que as estratégias dominantes podem não levar à estratégia mais eficiente (que, no caso, seria os dois manterem o silêncio), mas o equilíbrio de Nash nos permitiu analisar como as estratégias podem ser coordenadas de maneira a se tomar a melhor decisão, baseando-se nas possibilidades de decisão do concorrente.

Questões para revisão

1. Utilizando os elementos apresentados sobre a teoria dos jogos, explique o que você compreende por *payoff*, estratégia dominante e matriz de resultados.

2. Discuta acerca dos motivos que fizeram Bonnie e Clyde chegarem a um resultado de equilíbrio de Nash.

3. Assinale a alternativa que melhor completa a seguinte frase: Nos jogos estáticos, isto é, nos jogos de uma rodada só:

a) as duas partes são obrigadas a cooperar.

b) as duas partes cooperam normalmente.

c) a Justiça pode ser necessária para gerar uma solução cooperativa.

d) se uma parte não coopera, sofre retaliação no período seguinte.

4. Podemos afirmar que jogos repetitivos:

   a) pressupõem a intervenção da Justiça, mas não o incentivo intrínseco do contrato.
   b) pressupõem a intervenção da Justiça e o incentivo intrínseco do contrato.
   c) podem funcionar apenas com os incentivos intrínsecos ao contrato.
   d) podem funcionar apenas com a intervenção da Justiça.

5. Sobre o equilíbrio cooperativo, podemos afirmar que:

   a) é sempre menos lucrativo do que o equilíbrio não cooperativo.
   b) é mais lucrativo do que o equilíbrio não cooperativo, porém apresenta maior estabilidade.
   c) é menos lucrativo e apresenta maior instabilidade que o equilíbrio não cooperativo.
   d) é mais lucrativo e apresenta maior instabilidade que o equilíbrio não cooperativo.

Questões para reflexão

1. Reflita e discuta com seus colegas sobre situações em que poderiam ser aplicados os elementos de teoria dos jogos estudados neste capítulo. Em seguida, elabore uma matriz de resultados, interprete-a e encontre um resultado possível.

2. Assista ao filme *Uma mente brilhante* (*A Beautiful Mind*), de 2001, e explique como John Nash, protagonista da trama, teve seu *insight*. O que ele percebeu?

Para saber mais

UMA MENTE brilhante. Direção: Ron Howard. EUA: Universal Pictures/DreamWorks, 2001. 135 min.

O filme estadunidense *Uma mente brilhante*, lançado em 2001, ganhou o Oscar nas categorias de melhor filme, melhor roteiro adaptado, melhor diretor e melhor atriz coadjuvante em 2002. A película narra a vida de John Nash, matemático brilhante que publicou obras seminais relativas à teoria dos jogos. Nash recebeu um diagnóstico de esquizofrenia, e o filme traz toda sua luta para opor a sua racionalidade contra sua doença e se livrar de seus delírios, buscando a vida na realidade.

8
contas nacionais

Érika Roberta Monteiro

conteúdos do capítulo

> Flutuações econômicas.
> Produto Interno Bruto (PIB).
> Estatísticas de desemprego.
> Tributação e contas públicas.

após o estudo deste capítulo, você será capaz de:

1. compreender os estágios que compõem um ciclo econômico;
2. conceituar as diferentes nomenclaturas atribuídas ao PIB nas Contas Nacionais;
3. discorrer sobre as distorções inerentes à estatística do PIB;
4. distinguir impostos regressivos de impostos progressivos;
5. compreender diferentes estatísticas relativas à taxa de desemprego.

Como vimos, o estudo da ciência econômica pode ser subdividido em dois grandes ramos: a microeconomia e a macroeconomia. Enquanto a primeira se ocupa da interação entre famílias e empresas, com enfoque na formação de preços, a segunda concentra sua atenção nas decisões agregadas das famílias e empresas, ou seja, no todo.

Neste capítulo, desviaremos nossa atenção do individual para o coletivo, a fim de avaliar o funcionamento da economia de um país em determinado período. Para tanto, conceituaremos algumas "medidas" comumente utilizadas para avaliar seu desempenho.

8.1 Flutuações econômicas e o produto interno bruto

O cerne do funcionamento de uma economia, do qual emanam todas as demais variáveis econômicas, é sua atividade produtiva, ou seja, sua geração de bens e serviços; tal capacidade encontra-se em fase de expansão ou contração. No curto prazo, essas flutuações são chamadas de *ciclos econômicos*, que apresentam estágios subsequentes de recuperação, crescimento, recessão e depressão. Esses ciclos são determinados, sobretudo, pela interação entre as forças de oferta e demanda. Todavia, tais ciclos não se apresentam com regularidade, sendo, portanto, bastante difícil prevê-los.

Em geral, períodos de prosperidade caracterizam-se pela elevação contínua da oferta e da demanda, até que em determinado momento elevações de preços exigem a adoção de políticas contracionistas. Essas políticas são voltadas à redução do consumo, de caráter fiscal ou monetário – elevações das taxas de juros, restrições de crédito, reduções nos gastos do governo e nos investimentos públicos e privados, entre outras –, originando um período recessivo, cujo aprofundamento culminará com um período de depressão. Por fim, a fase de recuperação, quando ocorre retomada da produção e do consumo, poderá ser iniciada após quaisquer desses dois últimos períodos de desaceleração da atividade econômica. Agora que já identificamos as diferentes etapas de flutuação da atividade econômica, é preciso saber como medir o desempenho econômico, informação oferecida pelo Produto Interno Bruto (PIB).

8.2 Produto Interno Bruto (PIB)

O PIB é a métrica internacionalmente utilizada para mensurar o crescimento econômico de um país, ao contabilizar tudo aquilo que ele produziu de bens e serviços finais em determinado período de tempo. Em outras palavras, é a soma de sua renda ou de sua despesa. A equivalência entre produção, renda e despesa decorre do seguinte raciocínio: como vimos no Capítulo 1, por meio do diagrama do fluxo circular da renda, a produção das empresas converte-se em renda – salários, aluguéis e lucros –, a qual, por sua vez, se converte em despesa no processo de aquisição de bens e serviços. Desse modo, costuma-se afirmar que o PIB pode ser medido sob três diferentes óticas: a da produção, a da renda ou a da despesa.

Note que a importância de contabilizar apenas bens finais deve-se à precaução de se evitarem duplas contagens. Lembre-se dos bens intermediários igualmente discutidos no capítulo inicial – supondo a fabricação de um pão, todos os ingredientes que foram utilizados para produzi-lo terão seus custos incluídos no preço do bem final, ou seja, do pão. Logo, se incluirmos bens finais e intermediários no cálculo do PIB, somaremos, indevidamente, o pão e todos os ingredientes que já o compõem, incorrendo em dupla contagem e, portanto, superestimando a estatística do PIB.

Utilizando-se a nomenclatura adotada pelo Sistema de Contas Nacionais, o preço do pão representa o valor bruto da produção e o resultado obtido após subtrairmos os custos representa o valor adicionado bruto. Todavia, para obter o resultado líquido, devemos deduzir a depreciação, ou seja, a parcela do valor adicionado bruto que será destinada à reposição das máquinas e dos equipamentos desgastados ao longo do processo produtivo.

Assim, a ótica da produção é obtida por meio da soma dos valores adicionados de todas as atividades econômicas. A ótica da renda corresponde à soma das remunerações recebidas pelos fatores de produção, enquanto a ótica da despesa corresponde ao uso da renda, para investimento ou consumo, despendida pelas famílias ou pelas empresas.

Adicionalmente, os bens e serviços finais também podem ser mensurados por meio das óticas da oferta e da demanda. Com base nessas leituras, a oferta pode ser definida pela produção interna das três grandes atividades, quais sejam: agricultura, indústria e serviços.

A demanda, por sua vez, pode ser descrita por meio de quatro componentes: consumo das famílias (C), investimento (I), gastos do governo (G) e exportações líquidas das importações (X – M). Ao consumo das famílias atribuem-se todas as despesas com serviços e com bens de consumo duráveis e não duráveis, exceto na aquisição de imóveis, que são contabilizados no componente investimento.

Além dos imóveis, os investimentos incorporam os estoques e o consumo dos bens de capital, ou seja, aqueles utilizados na fabricação de bens e serviços, tais como as máquinas, os equipamentos e as construções, também chamados de *formação bruta de capital fixo* (FBKF).

Por sua vez, as compras do governo referem-se ao pagamento de funcionários públicos e às despesas com obras públicas, ao passo que as exportações líquidas refletem o total de exportações subtraído do total de importações.

8.2.1 PIB real *versus* PIB nominal

Uma vez que o PIB reflete a produção de bens e serviços, foi preciso encontrar uma unidade a fim de que a diversidade de itens produzidos por uma economia pudesse ser agregada – por exemplo: como somar laranjas, carros, leite e cortes de cabelo?

Para tanto, adotou-se a unidade monetária, de tal modo que o PIB é obtido por meio da multiplicação da quantidade produzida de determinado bem ou serviço por seu preço. Contudo, tal solução deu origem a outra questão: uma elevação do PIB pode ter sido motivada não apenas pelo aumento da produção, mas também pela elevação dos preços.

Vejamos outro exemplo: suponha que uma economia muito, muito simples produza apenas veículos de um único modelo, tal como apresentado no Quadro 8.1.

Tabela 8.1 – Exemplificando PIB real e PIB nominal

Ano 1	Ano 2
Preço × quantidade = R$ 30.000 × 1.000	Preço × quantidade = R$ 60.000 × 1.000
PIB = R$ 30.000.000,00	PIB = R$ 60.000.000,00

Nesse caso, temos que, entre os anos 1 e 2, a quantidade produzida permaneceu a mesma – 1.000 unidades –, contudo os preços sofreram uma variação de 100% – de R$ 30 para R$ 60 milhões. Com isso, podemos afirmar que a variação do PIB foi de 0% ou 100%?

Com o objetivo de dirimir essas questões, criou-se uma diferenciação conceitual para cada leitura: houve uma variação de 0% em termos reais, mas uma variação de 100% em termos nominais. Desse modo, toda vez que a variação de preços estiver sendo considerada, ou seja, toda vez que se calcular o PIB com base nos preços então vigentes no mercado, estaremos nos referindo ao PIB nominal. Do contrário, quando o cálculo considerar a quantidade atual, mas preços constantes de períodos anteriores, obteremos o PIB real.

8.2.2 PIB *versus* tributação

Além de se deduzir a inflação e a depreciação, as Contas Nacionais ainda consideram uma nomenclatura específica destinada à classificação do PIB no que tange à tributação. Antecipando-nos ao que será discutido em seção posterior deste capítulo, quando do cálculo do PIB são deduzidos os impostos indiretos, ou seja, aqueles incidentes sobre o processo produtivo até que os insumos sejam transformados em produtos finais, o PIB será qualificado como *Produto a Preços Básicos* ou a *Custo de Fatores*. Se ocorrer o contrário, será identificado como *Produto a Preços de Mercado*.

8.2.3 PIB *versus* PNB

O Produto Nacional Bruto (PNB) resulta do PIB deduzido da Renda Líquida Enviada ao Exterior (RLEX). Parte dos fatores de produção utilizados na confecção de todos os bens e serviços produzidos internamente corresponde a recursos estrangeiros e, portanto, apesar de a produção ser realizada em território nacional, as remunerações devidas – lucros, juros e *royalties* – devem ser remetidas ao exterior.

A terminologia *renda líquida* justifica-se. Assim como parte da renda interna é enviada ao exterior, parte da renda de outros países, que igualmente utilizam fatores nacionais, também deve ser remetida ao nosso país. Particularmente no Brasil, o volume de recursos enviados costuma sobrepor-se ao recebido, daí falarmos em *renda líquida enviada ao exterior*, e não em *renda líquida recebida do exterior*.

8.2.4 Distorções da estatística PIB

Outra estatística bastante presente em notícias impressas e telejornais associada ao PIB é o PIB *per capita*, cujo conceito refere-se ao total do PIB de determinada localidade dividido pelo total de sua população. Em outras palavras, o PIB *per capita* reflete um valor médio relativo à produção, renda ou despesa de um indivíduo, mas geralmente é utilizado como um indicador de bem-estar.

Ainda que seja válido esperar que regiões com maior renda disponham de melhor qualidade de vida, tal dedução pode apresentar distorções. Países onde há forte concentração de renda podem apresentar PIB *per capita* elevado e indicadores de qualidade de vida muito baixos, dado que esse critério é desconsiderado no cômputo do PIB.

Adicionalmente, o PIB ainda apresenta outras distorções ao desconsiderar toda e qualquer produção de bens ou serviços que ocorra em âmbito doméstico, informal ou voluntário, ou ainda a qualidade do meio ambiente e os índices de criminalidade. No caso das primeiras atividades, a ausência de registros ou a dificuldade de precificá-las, uma vez que ocorrem fora dos mercados, impedem a sua inclusão.

Quanto às demais, quanto maior a perda de bem-estar, paradoxalmente, maior tende a ser o PIB. Poluições ambientais, além de permitirem maiores níveis de produção, também elevam a prestação de serviços. O mesmo acontece com os índices de criminalidade, que, quanto mais altos, mais exigirão a aquisição de itens de segurança e aumento do efetivo policial.

8.3 Outras medidas relevantes

Além do PIB, o desemprego e as variáveis relativas às Contas Públicas são igualmente relevantes para uma análise macroeconômica, conforme detalhado nos próximos tópicos.

8.3.1 Desemprego

Possivelmente, o nível de desemprego de uma população possa ser considerado uma das variáveis mais relevantes, tanto sob a ótica econômica quanto sob as óticas social e política. Tal indicador, periodicamente presente nos noticiários, pode apresentar resultados distintos para uma mesma localidade, segundo a metodologia que é aplicada para sua mensuração. Mas, afinal, como se mede o desemprego?

No Brasil, a principal estatística relativa ao nível de ocupação do mercado de trabalho, a taxa de desemprego aberto, é divulgada mensalmente pelo Instituto Brasileiro de Geografia e Estatística (IBGE). Para tanto, são realizadas pesquisas domiciliares em seis regiões metropolitanas – Recife, Salvador, Belo Horizonte, Rio de Janeiro, São Paulo e Porto Alegre –, cujo objetivo é identificar, entre as pessoas com mais de dez anos de idade:

› quais se encontram dispostas a trabalhar (PEA) e, entre estas, quais se encontram empregadas (PO);

› quais estão desempregadas, mas que tomaram alguma providência para conseguir um emprego nos últimos 30 dias e não exerceram nenhuma atividade nos últimos sete dias (PD);

› aquelas que se encontram desempregadas, mas que não tomaram nenhuma providência para alterar essa situação.

Em posse dessas informações, a taxa de desemprego é obtida por meio da razão entre a população desocupada (PD) e a população economicamente ativa (PEA). Desse modo, a taxa de desemprego obtida pode ser justificada tanto com base na oferta de vagas quanto na oferta de mão de obra, sendo esta influenciada não só pela parcela da população em idade ativa, ou seja, acima de dez anos, mas também pelo incentivo aos indivíduos para buscarem uma ocupação. Outra forma de mensuração, calculada pelo Departamento Intersindical de Estatística e Estudos Socioeconômicos (Dieese), considera não apenas o desemprego aberto, mas também o desemprego oculto pelo trabalho precário e o desemprego oculto por desalento.

O desemprego oculto por trabalho precário refere-se àquelas pessoas que, na impossibilidade de conquistarem um emprego formal nos últimos 30 dias ou nos últimos 12 meses, realizam "bicos". Já o desemprego oculto por desalento corresponde àquelas pessoas que desistiram de procurar uma colocação, embora o tenham feito nos últimos 12 meses.

Por fim, é importante salientar que, ainda que a economia esteja em expansão, a taxa de desemprego nunca é zero, comumente oscilando em torno de uma taxa considerada natural.

Em geral, há sempre certo número de pessoas sem emprego. Uma das razões para que isso aconteça decorre do tempo, geralmente curto, necessário para que a demanda de mão de obra se concilie com a oferta de mão de obra existente, período em que ocorre desemprego friccional. Outra motivação se deve ao excesso de mão de obra sobre a demanda, o chamado *desemprego estrutural*, muitas vezes ocasionado por mudanças tecnológicas. Ademais, algumas atividades são acometidas pelo desemprego sazonal, nas quais a demanda por mão de obra oscila em diferentes épocas do ano, e pelo desemprego conjuntural, presente em períodos de flutuação econômica, em estágios de recessão ou depressão.

8.3.2 Tributação e contas públicas

A tributação é a forma utilizada por qualquer governo para obter recursos necessários a fim de custear as tarefas que lhe são atribuídas. Contudo, os impostos devem ser instituídos de modo que não distorçam as decisões dos agentes econômicos. Isso fará com que sejam considerados eficientes e garantam a equidade, melhor distribuindo o ônus tributário.

Quanto à equidade, o sistema tributário pode estar sujeito ao princípio dos benefícios ou ao princípio da capacidade de pagamento. Ao primeiro atribui-se a ideia de que cada cidadão deve contribuir para o governo segundo o benefício que os serviços públicos lhe proporcionam. Sob essa ótica, as pessoas de menor poder aquisitivo deveriam contribuir mais com os impostos incidentes sobre o sistema de saúde, enquanto aquelas de maior poder aquisitivo deveriam contribuir mais com os impostos incidentes sobre a segurança pública, por exemplo.

Quanto a utilizar a capacidade de pagamento como critério, os encargos incidiriam mais pesadamente sobre aqueles que pudessem suportá-los. Sob esta última ótica, os impostos podem ser classificados da seguinte forma:

> **Progressivos** – A alíquota aumenta à medida que os valores sobre os quais incidem são maiores, tal como o Imposto de Renda (IR), que determina que, quanto maior a renda, maior a contribuição ao Estado.

> **Regressivos** – A alíquota é relativamente menor à medida que os valores sobre os quais incidem são maiores, tal como os impostos incidentes sobre o consumo. Assim, se duas famílias de condições sociais distintas adquirirem o mesmo

produto, aquela de menor poder aquisitivo arcará com uma parcela maior de imposto, proporcionalmente ao valor da sua renda.

> **Neutros** – A alíquota incidente sobre a renda é a mesma para todos os indivíduos, independentemente de sua faixa de renda.

Outra classificação atribuída aos impostos é subdividi-los em:

> **Impostos diretos** – Aqueles que incidem sobre a renda e sobre o patrimônio, tal como o Imposto de Renda (IR) e o Imposto Predial e Territorial Urbano (IPTU).

> **Impostos indiretos** – Aqueles incidentes sobre o consumo, tal como o Imposto sobre Circulação de Mercadorias e Serviços (ICMS) e o Imposto sobre serviços (ISS).

Ainda acerca dos impostos, há uma última observação a ser feita. É muito comum tratarmos todos os recursos que destinamos ao governo como *impostos*, contudo, há uma diferença relativa ao uso desses recursos, o que nos permite diferenciá-los em impostos, taxas e contribuições.

Os recursos arrecadados pelo Estado por meio de impostos podem ser utilizados de maneira discricionária, ou seja, segundo a escala de prioridades estabelecida pelo governo atual, não havendo regras para sua utilização. Já as taxas e contribuições se referem a recursos cujo destino já está previamente definido – enquanto as taxas são vinculadas à prestação de algum serviço público, tal como a taxa de iluminação pública, as contribuições podem também ser subdividas em contribuições especiais e contribuições de melhoria. As primeiras relacionam-se a uma atividade específica, por exemplo, os recursos destinados ao Instituto Nacional do Seguro Social (INSS); as últimas referem-se a alguma obra pública cujo benefício se converteu em valorização do imóvel, como obras de pavimentação.

Em contraposição à receita do governo obtida por meio da tributação, encontram-se as despesas do Estado. Tal como ocorre com nossas finanças pessoais, as contas públicas podem estar equilibradas ou não. Estarão no azul quando as despesas se igualam às receitas e o governo apresenta um orçamento equilibrado, ou ainda quando as receitas excedem às despesas e o governo apresenta um superávit. Ao contrário, estarão no vermelho quando as despesas excedem às receitas e as contas públicas apresentam um déficit.

As denominações *superávit* e *déficit* podem ainda ser aplicadas aos conceitos *primário* e *nominal*. Novamente estabeleceremos um paralelo em relação às nossas próprias contas: suponha que todos os meses você receba uma renda fixa e tenha algumas despesas fixas, como a mensalidade escolar ou o montante destinado ao custeio do transporte. Se, após quitar tais dívidas, sobrarem recursos, suas contas apresentarão um superávit primário. Contudo, considere que em meses anteriores não foi possível pagar integralmente a fatura do cartão de crédito, de modo que você efetuou o pagamento mínimo e parcelou o saldo. Neste último caso, os recursos que sobraram após o pagamento das suas contas regulares serão utilizados para o pagamento dessa prestação. Caso ainda sobrem recursos, suas contas apresentarão também um superávit nominal.

Assim ocorre com as contas públicas. Ao considerarmos somente as receitas e despesas do exercício atual, obtemos o resultado primário do governo. No entanto, quando consideramos também as despesas incorridas em períodos anteriores, obtemos o resultado nominal.

Síntese

Neste capítulo, discutimos, conceitualmente, algumas variáveis destinadas à mensuração da macroeconomia Após a discussão dos ciclos econômicos, compreendemos a leitura da estatística do PIB em suas diferentes óticas de análise, bem como pontuamos suas distorções. Na sequência, sobre o mercado de trabalho, diferenciamos diversos conceitos relativos à taxa de desemprego. Por fim, nosso estudo voltou-se à tributação e às contas públicas.

Questões para revisão

1. Qual a razão para a não inclusão dos bens intermediários na mensuração do PIB?

2. Qual a diferença entre impostos regressivos e progressivos?

3. Indique se as afirmações a seguir são verdadeiras (V) ou falsas (F):

( ) Mudanças tecnológicas podem motivar um tipo de desemprego denominado *desemprego conjuntural*.

( ) Quando as receitas do governo se igualam às despesas, pode-se afirmar que as contas públicas apresentaram um superávit.

( ) O resultado primário das contas do governo refere-se somente às receitas e às despesas do exercício atual.

( ) O resultado nominal das contas do governo refere-se somente às receitas e às despesas do exercício atual.

( ) O desemprego conjuntural ocorre, frequentemente, em períodos de desaceleração econômica.

( ) A estatística de desemprego calculada pelo IBGE considera o desemprego oculto pelo trabalho precário.

Agora, assinale a alternativa que corresponde à sequência correta:
a) V, F, F, V, F, V.
b) F, V, F, V, V, F.
c) F, V, V, V, F, F
d) V, F, F, F, V, F.
e) F, F, V, F, V, F.

4. Avalie as afirmações a seguir e assinale a alternativa correta:

a) Economias que apresentam taxas expressivas de crescimento apresentam taxa de desemprego nula.

b) A pesquisa sobre desemprego realizada pelo IBGE abrange todos os estados brasileiros.

c) As denominações *superávit* e *déficit* referem-se apenas às contas públicas enquadradas no conceito nominal, não sendo adequadas ao conceito primário.

d) A não mensuração das produções domiciliares e informais representa uma distorção do cálculo do PIB.

e) O PIB *per capita* é calculado por meio da divisão entre o PIB total de determinada localidade e seu número de pessoas empregadas.

5. Avalie as afirmações a seguir e assinale a alternativa correta:

   a) A diferença entre os conceitos de PIB real e nominal é a variação de preços.
   b) O Imposto sobre Propriedade de Veículos Automotores (IPVA) pode ser classificado como um imposto indireto.
   c) A valorização de um imóvel motivada pela construção de uma estação de metrô nas proximidades justificaria a cobrança de um imposto.
   d) Não há diferenças entre a arrecadação de recursos pelo Estado por meio de impostos ou contribuições, uma vez que ambos constituirão a receita do governo.
   e) As contribuições especiais são vinculadas à prestação de serviços públicos, ao passo que as taxas são vinculadas a obras públicas de melhoria.

Questões para reflexão

1. Se o PIB do 1º trimestre apresentou uma elevação de 0,6%, pode-se afirmar que a distribuição de renda se elevou no mesmo patamar? Utilize o texto a seguir como base e justifique sua resposta.

PIB decepciona e cresce 0,6% no 1º tri

O Produto Interno Bruto (PIB, a soma dos bens e serviços produzidos no país) avançou 0,6% no primeiro trimestre deste ano em relação aos três últimos meses de 2012, contrariando as expectativas do mercado e do governo, que previam uma expansão acima de 0,9%.

Os dados foram divulgados nesta quarta-feira pelo IBGE (Instituto Brasileiro de Geografia e Estatística). Em valores, o PIB somou R$ 1,1 trilhão no período de janeiro a março.

Fonte: PIB..., 2013.

2. O texto a seguir cita cinco políticas necessárias para reduzir a desigualdade de renda, entre elas a adoção de impostos progressivos. Explique de que forma tais impostos poderiam contribuir para uma divisão mais equitativa da renda.

Desigualdade cresce em 14 de 18 países do G-20, aponta estudo

Nas duas últimas décadas, a desigualdade de renda cresceu em 14 de 18 países do G-20. De acordo com relatório divulgado ontem pela ONG Oxfam, as quatro nações em que o crescimento econômico veio acompanhado por uma divisão mais equitativa da renda foram Brasil, Coreia do Sul, Argentina e México.

Segundo a Oxfam, são cinco as políticas governamentais cruciais para diminuir a desigualdade: transferência de renda; investimentos em acesso universal à saúde e à educação;

impostos progressivos; promoção dos direitos e de oportunidades para as mulheres; reforma agrária. O estudo prevê que mais de 1 milhão de pessoas na África do Sul serão empurradas à pobreza na próxima década se não forem tomadas ações preventivas.

Fonte: Desigualdade..., 2012.

Para saber mais

FEIJÓ, C. A.; RAMOS, R. L. O. (Org.) **Contabilidade social:** a nova referência das contas nacionais do Brasil. 4. ed. Rio de Janeiro: Elsevier, 2013.

Para conhecer melhor as contas nacionais do Brasil, a obra *Contabilidade social: a nova referência das contas nacionais do Brasil* é um livro básico. Para os analistas econômicos, este é um livro essencial, pois compreende o entendimento dos agregados macroeconômicos, como são construídos e se relacionam. Além disso, auxilia na compreensão dos conceitos de base da macroeconomia e dá base sólida para o uso de estatísticas oficiais e não oficiais em estudos socioeconômicos.

9
oferta e demanda agregadas

Érika Roberta Monteiro

conteúdos do capítulo

> Demanda agregada.
> Oferta agregada.

após o estudo deste capítulo, você será capaz de:

1. compreender a composição das curvas de oferta e demanda agregadas;
2. diferenciar as ofertas agregadas de curto e longo prazos;
3. avaliar as implicações de possíveis deslocamentos das curvas de oferta e demanda agregadas.

Neste capítulo, iremos nos concentrar no estudo da oferta e da demanda agregadas no que tange às flutuações econômicas. Veremos isso em dois polos opostos: ora de crescimento, expandindo a produção e, consequentemente, a renda; ora de recessões ou depressões, quando acontecem quedas no nível de renda e aumento do desemprego.

Enquanto na microeconomia as curvas de oferta e demanda refletem o equilíbrio de mercado em um dado setor, na macroeconomia a variável *preços* refere-se ao nível geral de preços. A variável *quantidade* refere-se ao PIB real, no curto prazo, ou potencial, no longo prazo.

9.1 Demanda agregada

A curva de demanda agregada reflete a quantidade de bens e serviços que os agentes econômicos desejam consumir em cada nível de preço.

9.1.1 Determinantes da demanda agregada

A demanda agregada pode ser determinada por meio da seguinte equação:

$$DA = y = C + I + G + Nx$$

em que:
> C = consumo – corresponde às despesas das famílias com bens e serviços;
> I = investimento – refere-se às despesas com bens de capital, tais como máquinas, equipamentos e instalações;

> G = gastos do governo – tal como no caso das famílias, os gastos do governo referem-se às despesas com bens e serviços efetuadas pelas esferas federal, estadual e municipal;

> Nx = exportações líquidas – referem-se às exportações menos as importações, ou seja, parte daquilo que produzimos é enviada ao exterior, assim como parte da nossa demanda agregada é abastecida por produtos provenientes de outros países.

A curva de demanda agregada pode ser representada como no gráfico a seguir.

Gráfico 9.1 – Demanda agregada

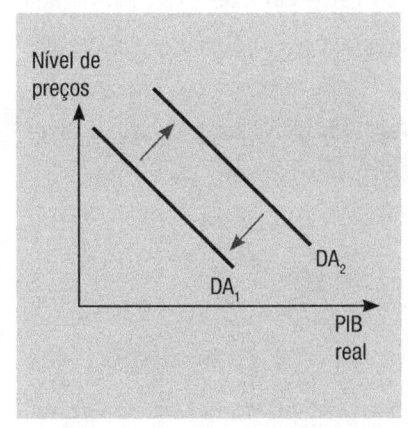

Nível de preços (curva decrescente de DA_1 para DA_2, PIB real no eixo horizontal)	Quaisquer fatores, exceto o nível de preços, que aumentem o consumo das famílias, os investimentos produtivos, os gastos do governo ou as exportações deslocarão a curva de demanda agregada para a direita. Do mesmo modo, uma redução em qualquer um desses componentes deslocará a curva de demanda agregada para a esquerda.

Ainda de maneira análoga, no universo microeconômico, reduções de preços de determinado produto impulsionam a demanda por ele. Do mesmo modo, em termos macroeconômicos, uma queda no nível geral de preços, *ceteris paribus*, equivale a um aumento no poder aquisitivo, impulsionando a demanda agregada e justificando o formato da curva, negativamente inclinada.

Adicionalmente, quando o poder aquisitivo aumenta, os cidadãos podem direcionar mais recursos à poupança, reduzindo a taxa de juros, ou seja, se há mais recursos disponíveis para empréstimos, o custo desse dinheiro – a taxa de juros – cai. Por sua vez, a queda na taxa de juros reduz a atratividade dos investimentos financeiros internos, aumentando, com isso, a atratividade dos investimentos financeiros no exterior e, consequentemente, a demanda por dólares. Por fim, o aumento da demanda por dólares desvaloriza a moeda nacional, estimulando as exportações e, portanto, a demanda agregada.

Quanto aos deslocamentos, em situação similar às curvas de oferta e demanda discutidas no capítulo de microeconomia, alterações no nível de preços provocam deslocamentos ao longo das curvas. Já as alterações nos componentes da demanda agregada – consumo (C), investimento (I), gastos do governo (G) e exportações líquidas (NX), assim como a oferta de moeda – deslocam as próprias curvas.

9.2 Oferta agregada

A curva de oferta agregada reflete a quantidade de bens e serviços que as empresas desejam produzir em cada nível de preços.

Diferentemente da demanda, o estudo da oferta agregada pode ser dividido em duas abordagens: de curto e de longo prazo – positivamente inclinada ou vertical, respectivamente. Para facilitar o entendimento, ilustraremos ambas as abordagens graficamente. Observe o Gráfico 9.2, que retrata as ofertas agregadas de longo e de curto prazos.

Gráfico 9.2 – *Ofertas agregadas de curto e longo prazos*

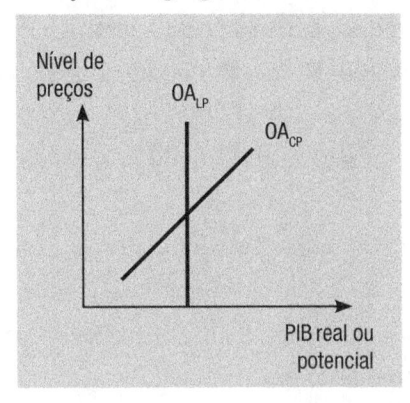

No curto prazo, considera-se que a oferta agregada pode deslocar-se, expandindo a produção de bens e serviços, uma vez que ainda há fatores de produção disponíveis. Sua inclinação positiva deve-se ao fato de que quedas no nível de preços geral da economia reduzem a quantidade de bens e serviços disponíveis no mercado.

No longo prazo, tal como discutido no Capítulo 1, em que a oferta agregada foi representada pela fronteira de possibilidades de produção, a economia já está operando em sua capacidade máxima de produção, com pleno uso dos fatores. Portanto, nesse último caso, a curva de oferta agregada torna-se vertical. Ela é incapaz de corresponder a acréscimos da demanda agregada e à influência do nível de preços sem que aumente a disponibilidade dos fatores de produção ou que ocorram ganhos de produtividade. Dessa forma, a quantidade de bens e serviços produzidos na economia independe do nível geral de preços.

Quanto aos deslocamentos, no longo prazo, um aumento do número de fatores de produção desloca a curva de oferta agregada para a direita ou para a esquerda, tal como o número de mão de obra disponível, motivado por fluxos imigratórios, por exemplo. Do mesmo modo, a descoberta das camadas de petróleo no pré-sal deslocarão, no longo prazo, a curva de oferta agregada da economia brasileira para a direita.

No curto prazo, além de todos esses fatores, a expectativa dos agentes econômicos sobre o nível geral de preços também desloca a curva de oferta agregada. Observemos agora tais observações ilustradas no gráfico a seguir.

Gráfico 9.3 – Deslocamento da oferta agregada de longo prazo

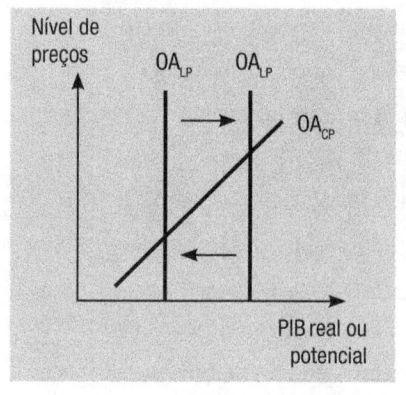

No longo prazo, quaisquer alterações na oferta agregada independem totalmente de variações no nível geral de preços.

9.3 Equilíbrio entre oferta e demanda agregadas

Uma vez conhecidas individualmente as curvas de demanda e oferta agregadas, os gráficos 9.4 e 9.5 apresentarão as condições de equilíbrio no curto e no longo prazo.

Gráfico 9.4 – Equilíbrio de curto prazo

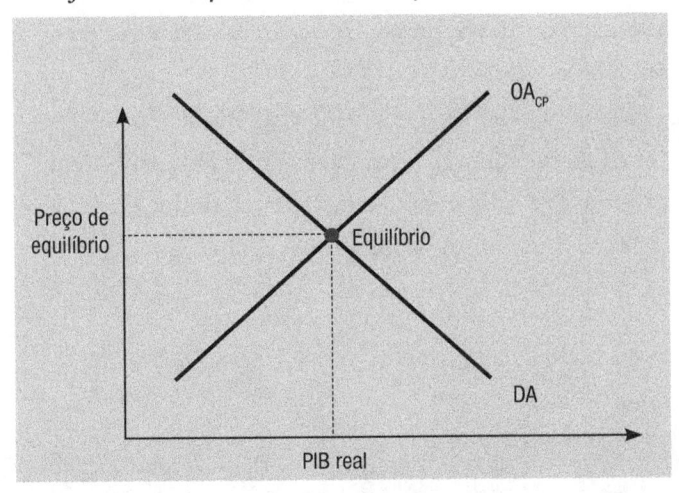

Gráfico 9.5 – Equilíbrio de longo prazo

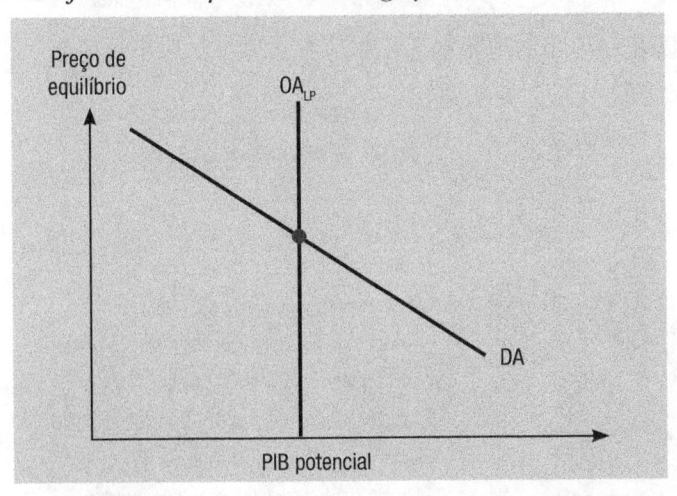

No curto prazo, aumentos na demanda agregada impulsionam a oferta agregada, resultando em ampliações do PIB real, ou seja, em crescimento econômico. Por outro lado, reduções na demanda agregada geram capacidade ociosa e elevam o nível de desemprego, provocando períodos recessivos ou depressivos.

No longo prazo, ampliações na demanda agregada apenas elevam o nível de preços, não afetando a capacidade produtiva da economia. O Gráfico 9.6 exemplifica os deslocamentos e seus efeitos, tanto no nível de preços quanto no nível de produção.

Gráfico 9.6 – Deslocamentos das curvas de demanda e oferta agregadas

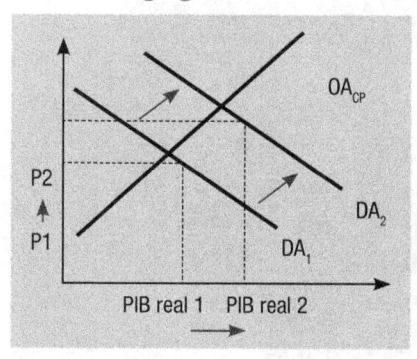

No curto prazo, um aumento da demanda agregada de DA_1 para DA_2 eleva o produto de PIB real 1 para PIB real 2 e provoca igualmente uma elevação no nível de preços de P1 para P2, até que a oferta agregada de curto prazo possa ajustar-se ao novo nível da demanda agregada.

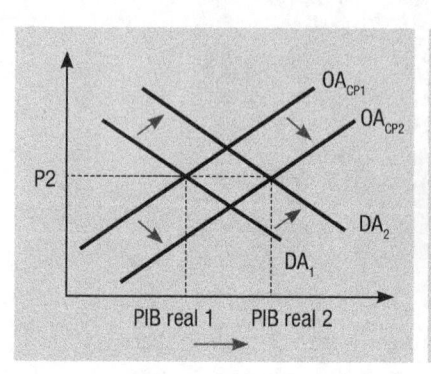

Após a oferta agregada de curto prazo responder ao deslocamento da demanda agregada de curto prazo, deslocando-se de OA_{CP1} para OA_{CP2} o nível de preços retoma o patamar inicial, de P2 para P1, e o PIB real é novamente ampliado para PIB real 1.

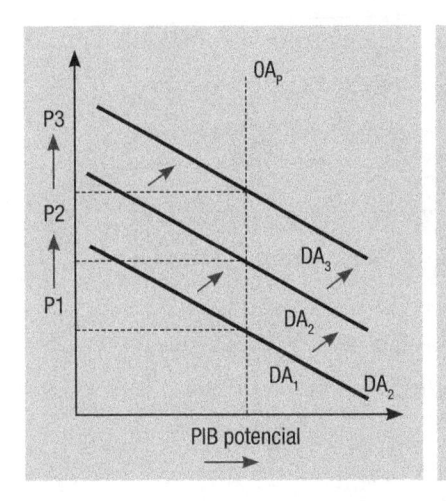

No longo prazo, ampliações na demanda agregada de DA_1 para DA_2, uma vez que o PIB potencial já tenha sido atingido, não provoca alterações no nível do produto, somente no nível de preços, que se eleva de P1 para P2 e, posteriormente, para P3, à medida qua a demanda agregada continuar ampliando-se, sem que haja elevação dos fatores de produção ou ganhos de produtividade.

Síntese

Neste capítulo, aprendemos a composição das curvas de demanda e oferta agregadas, no curto e no longo prazo. Adicionalmente, pudemos compreender as razões para as diferentes inclinações das curvas, bem como avaliar os impactos dos deslocamentos delas em relação ao nível de produção e ao nível de preços.

Questões para revisão

1. Quais são os determinantes da demanda agregada?

2. Por que a curva de oferta de longo prazo é vertical?

3. Indique se as afirmações a seguir são verdadeiras (V) ou falsas (F):

( ) No longo prazo, o aumento no número de fatores de produção desloca a curva de oferta agregada para a direita.
( ) No curto prazo, reduções na demanda agregada geram capacidade ociosa.
( ) No curto prazo, somente ganhos de produtividade são capazes de deslocar a curva de oferta agregada para a direita.
( ) Uma elevação no consumo das famílias provoca o deslocamento da curva de demanda agregada para a direita.
( ) Em termos macroeconômicos, uma elevação no nível geral de preços equivale a uma perda de poder aquisitivo.
( ) Ampliações na demanda agregada afetam a capacidade produtiva da economia tanto no curto quanto no longo prazo.

Agora assinale a alternativa que corresponde à sequência correta:

a) V, V, F, V, V, F.
b) V, V, V, F, V, F.
c) F, F, V, V, F, V.
d) V, F, V, F, V, F.

4. Considerando-se o equilíbrio entre oferta agregada e demanda agregada, pode-se afirmar que:

a) os deslocamentos da curva de oferta agregada causam, no curto prazo, alterações no nível geral de preços, mas não no produto.
b) os deslocamentos da curva de demanda agregada causam, no longo prazo, alterações na produção de bens e serviços na economia.

c) os deslocamentos da curva de demanda agregada causam, no curto prazo, alterações na produção de bens e serviços na economia.

d) os deslocamentos da curva de oferta agregada causam, no longo prazo, alterações na produção de bens e serviços na economia.

5. Considere um país que esteja enfrentando recessão econômica. Diante dessa situação, o governo decide ampliar seus gastos. Como consequência, pode-se afirmar que:

   a) no curto prazo, a curva de oferta agregada irá se deslocar para a direita, levando a um aumento do produto de equilíbrio da economia.

   b) no curto prazo, a curva de demanda agregada irá se deslocar para a direita, levando a um aumento do produto de equilíbrio da economia.

   c) no curto prazo, a curva de oferta agregada irá se deslocar para a esquerda, levando a uma redução do produto de equilíbrio da economia.

   d) no curto prazo, a curva de demanda agregada irá se deslocar para a esquerda, levando a uma redução do produto de equilíbrio da economia.

Questão para reflexão

1. Leia atentamente o artigo a seguir e, depois, realize as atividades propostas.

Adeus, 2013. Feliz 2014?

Mudanças acontecem de duas formas: quando escolhemos ou quando não há escolha. Infelizmente, a segunda é bem mais comum. Se os europeus tivessem controlado seus gastos antes da crise de 2008, escolas e hospitais não seriam fechados agora.

Sem crises, políticos não têm coragem para adotar medidas imprescindíveis, mas impopulares. Exemplo: aumentar a idade mínima para aposentadorias. De 2004 a 2010, o PIB brasileiro cresceu a um ritmo de quase 5% a.a., 2,5 vezes a média dos 25 anos anteriores. Só foi possível por ajustes econômicos feitos antes, um forte crescimento na procura global por matérias-primas que exportamos, e uma grande queda do custo de capital no mundo. Este modelo de desenvolvimento baseado na expansão da procura tanto externa quanto doméstica pelos nossos produtos e serviços está esgotado. Nos últimos 3 anos, voltamos à média histórica de crescimento do PIB de apenas 2% a.a.

Dois fatores que ajudaram o crescimento acelerado de 2004 a 2010 acabaram: incorporação de mão de obra ao mercado de trabalho e maior utilização da infraestrutura existente. O desemprego já é o mais baixo da história e o gargalo da infraestrutura é visível. Para sustentarmos um crescimento mais rápido, só investindo muito em qualificação de mão de obra, máquinas, equipamentos e infraestrutura.

Fonte: Amorim, 2013.

a) Represente graficamente os deslocamentos da curva de demanda agregada na economia brasileira entre 2004 e 2010, indicando possíveis impactos no nível do produto e no nível de preços.

b) Represente graficamente o equilíbrio de mercado da economia brasileira considerando o comentário do autor quanto ao "esgotamento do modelo de desenvolvimento baseado na expansão da procura".

Para saber mais

MANKIW, N. G. **Introdução à economia**. 6. ed. São Paulo: Cengage Learning, 2009.

Aqueles que desejam estudar a incerteza com maior profundidade podem consultar esta obra, que já indicamos no Capítulo 3, a qual trata também desse conceito da economia, em sua parte 12. A oferta agregada e a demanda agregada são tratadas com estudos de casos e análise de notícias.

10 moeda

Érika Roberta Monteiro

conteúdos do capítulo

> História da moeda.
> Conceito de *moeda*.
> Tipos e funções da moeda.
> Criação de moeda.
> Taxa de juros.

após o estudo deste capítulo, você será capaz de:

1. discorrer sobre a história da moeda;
2. definir moeda, identificando seus tipos e suas funções;
3. compreender o processo de criação de moeda pelos bancos comerciais;
4. estabelecer uma relação entre moeda, juros e crescimento econômico;
5. definir taxa de juros e diferenciar taxa de juros real de taxa de juros nominal.

Você já parou para pensar na importância da moeda? Hoje, as trocas de bens e serviços entre os indivíduos ocorrem de forma tão automática e natural que dificilmente se percebe sua suma importância para o funcionamento da economia.

Contudo, a maneira facilitada por meio da qual efetuamos as trocas é fruto de um processo evolutivo iniciado nos primórdios da história. À medida que as economias foram se desenvolvendo, as relações foram ganhando complexidade, exigindo novos meios de intermediação das trocas. É sobre esse instrumento tão importante que vamos discorrer neste capítulo.

Adicionalmente, estabeleceremos uma relação entre a moeda, o crescimento econômico e os processos inflacionários, além de conhecermos um pouco mais sobre os juros e as rendas.

10.1 A história da moeda

Inicialmente, enquanto as economias eram de subsistência, cada família se preocupava em produzir apenas o suficiente para suprir suas necessidades básicas, mas, à medida que as técnicas foram se aperfeiçoando, surgiram os excedentes que possibilitaram as relações de escambo. Nesse período, as trocas eram raras, pois, para que ocorressem, era necessário encontrar uma família que tivesse interesse no produto de outra e, ao mesmo tempo, esta última família deveria ter interesse no produto da primeira.

Na etapa seguinte, identificada por moeda mercadoria, a solução encontrada para facilitar o processo foi eleger, entre os produtos disponíveis para troca, um único que, por ser de interesse geral, pudesse ser aceito em todas as transações. Assim, cada sociedade escolheu o seu facilitador, por exemplo, gado, sal, grãos, entre outros. Todavia, como grande parte desses produtos não detinha características fundamentais que lhes permitissem desempenhar essa função, os metais preciosos acabaram assumindo o caráter de intermediador das trocas. Podemos dizer que eles inauguraram a fase da moeda metálica, justamente por apresentarem as propriedades de durabilidade e divisibilidade.

A realização das trocas em ouro e prata fez surgir o primeiro intermediário, semente para os nossos atuais sistemas financeiros. Devido ao seu alto valor, por segurança as trocas não eram realizadas utilizando-se os metais preciosos de forma direta. Assim, as moedas eram depositadas em posse de ourives, que emitiam um certificado de depósito, em valor correspondente, que as substituía nas transações. Com o tempo, os ourives começaram a perceber que dificilmente os detentores de certificados dirigiam-se aos seus cofres solicitando os metais em espécie, pois ocorriam apenas transferências de propriedade.

Ora, se não havia saques, surgia uma oportunidade de negócio: o ourives passou a emitir certificados não mais vinculados ao depósito de metais preciosos, mas sim negociados em troca de uma taxa de juros destinada a cobrir os riscos da operação.

Foi nesse momento que se inaugurou a etapa do papel moeda e surgiram dois processos imprescindíveis ao funcionamento das economias modernas: a moeda sem lastro, também chamada de moeda *fiduciária*, e a moeda *escritural*. Ao primeiro termo, atribua a ideia de moeda que não possui valor intrínseco, cuja aceitação é baseada única e exclusivamente na confiança daqueles que a aceitam; ao segundo, associe o processo de criação de um poder de compra que inexiste em meios físicos. Este último processo será explicitado em detalhes adiante.

10.2 O que é moeda? Conceito, tipos e funções

Após conhecer o processo evolutivo da moeda, você já deve ter percebido que ela é tudo aquilo que pode ser utilizado para intermediar as transações comerciais e que não rende juros.
A moeda, além de intermediar as trocas, tem duas outras funções: atuar como unidade de conta e como reserva de valor.
Toda vez que você vai a um centro de compras, todos os bens e serviços que estão disponíveis para negociação se expressam em uma única unidade – no caso do Brasil, em real. Essa função, que facilita a comparação de preços entre os mais diferentes itens, é a da moeda como unidade de conta.
Por sua vez, a função de atuar como reserva de valor é a que permite à pessoa abrir mão do consumo de hoje em prol do consumo futuro.
Além da moeda, o sistema financeiro dispõe de outros ativos, agrupados segundo o grau de liquidez que apresentam, ou seja, de acordo com a velocidade com que cada um dos ativos se transforma em moeda corrente. São eles:
> M1 – considerados ativos de liquidez imediata, essa categoria se compõe do papel moeda em poder do público (PMPP) + depósitos à vista;
> M2 – M1+ poupança + títulos privados;

> M3 − M2 + fundos de renda fixa + operações compromissadas com títulos federais;

> M4 − M3 + títulos federais, estaduais e municipais em poder do público.

E quanto aos tipos? Abra agora a sua carteira e observe em quais tipos distintos os valores podem estar expressos. É provável que você tenha se deparado com dois deles: moedas metálicas e cédulas. Mas há outro, do qual falamos há pouco, a moeda escritural.

10.3 Criação de moeda

O Banco Central é a autoridade monetária responsável, entre outras funções, por controlar a emissão de papel moeda. De todo o papel moeda emitido (PME), parte é destinada à realização das transações comerciais, denominada *papel moeda em poder do público* (PMPP), enquanto a outra parte corresponde às reservas bancárias.

As reservas subdividem-se em: reservas técnicas − recursos destinados às operações diárias de empréstimos e saques, cujo montante é definido individualmente por cada banco comercial; e reservas compulsórias − recursos cujo percentual é definido pelo próprio Banco Central, a fim de controlar o volume de crédito e, assim, zelar pela solidez do sistema financeiro.

Contudo, os bancos comerciais também criam moeda, não em espécie, como os bancos centrais, mas baseada em poder de compra, uma espécie de "moeda virtual". Para entender o funcionamento desse mecanismo, considere o esquema apresentado na Figura 10.1.

Figura 10.1 – Criação de moeda por bancos comerciais

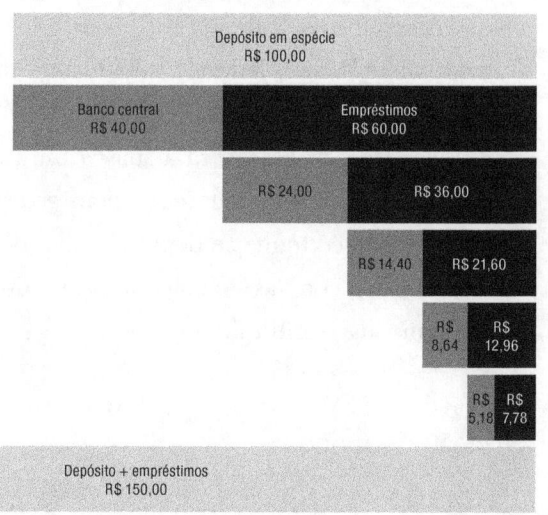

```
                    Depósito em espécie
                        R$ 100,00

        Banco central              Empréstimos
          R$ 40,00                   R$ 60,00

                    R$ 24,00         R$ 36,00

                            R$ 14,40    R$ 21,60

                                    R$      R$
                                   8,64    12,96

                                        R$    R$
                                       5,18  7,78

              Depósito + empréstimos
                    R$ 150,00
```

Suponha que, inicialmente, seja feito um depósito, em espécie, de R$ 100,00, e que o percentual exigido pelo Banco Central como reserva compulsória seja de 40%. Na primeira operação, o banco comercial deposita R$ 40,00 nos cofres do Banco Central e empresta os R$ 60,00 restantes. Na segunda operação, o empréstimo da primeira operação resulta em um novo depósito de R$ 24,00 e em um novo empréstimo de R$ 36,00. As rodadas ocorrem sucessivamente e em proporções cada vez menores, até que não haja mais recursos a serem depositados ou emprestados. Perceba que, desconsiderando totalmente o montante depositado nos cofres do Banco Central, ao fim da segunda rodada já foram emprestados R$ 96,00. Se havia apenas R$ 100,00 em espécie, subtraindo os empréstimos efetuados, restam apenas R$ 4,00. Então, como é possível que o valor da terceira operação de empréstimo seja de R$ 21,60?

Eis o processo de criação de moeda escritural. Qualquer referência à emissão de certificados adicionais dos ourives não é mera coincidência. Ao final, considerando o total de operações de depósito e empréstimos, os R$ 100,00 em papel moeda foram depositados no Banco Central e outros R$ 150,00 foram acrescidos à economia como poder de compra, sem, contudo, existir fisicamente.

Em algumas ocasiões, principalmente em períodos de crise econômica, tal como ocorrido em 2008, os jornais publicam notícias relacionadas ao salvamento de grandes bancos com uso de dinheiro público. Agora você já é capaz de apresentar uma importante justificativa para esse resgate.

Suponha que um grande banco brasileiro vá à falência. Seus correntistas, desesperados, ao cogitar a possibilidade de perderem seus depósitos, correrão às agências para sacá-los. Ora, se uma parte do dinheiro é "virtual", o banco poderá restituir os depósitos a todos os correntistas ao mesmo tempo? Agora, pense em que atitude você tomaria como cliente de outra instituição bancária, uma vez que aquele conhecido banco tenha quebrado? Provavelmente, grande parte das pessoas que possui recursos em bancos, incerta quanto à solidez de suas instituições, também correria aos caixas eletrônicos para salvar o que fosse possível. Teríamos, assim, uma corrida bancária, e toda a confiança existente no sistema financeiro nacional seria desfeita. Com a complexidade das operações comerciais e financeiras realizadas nos dias atuais, você consegue imaginar uma sociedade sem instituições financeiras?

As instituições financeiras desempenham um papel extremamente relevante para o funcionamento das economias, pois a elas cabe transferir os recursos poupados pelas famílias tanto a outras famílias quanto, principalmente, às empresas, além de reduzir os riscos e os custos de transação incorridos por ambos os agentes.

Imagine se uma empresa que deseja fazer um empréstimo para ampliar sua capacidade produtiva precisasse procurar, aleatoriamente, uma ou diversas famílias que possuíssem tais recursos e que desejassem emprestá-los. A mesma dificuldade poderia ser atribuída às famílias quando desejassem disponibilizar os seus recursos para empréstimos. Se uma família concede um empréstimo e não obtém seu dinheiro de volta, isso pode representar um grande prejuízo; no entanto, para um banco que concede empréstimos a diversas famílias e empresas ao mesmo tempo, caso haja algum inadimplente, dificilmente será levado à falência por essa dívida (Parkin, 2003).

Ademais, os bancos, ao tomarem empréstimos dos depositantes a curto prazo, geram liquidez no sistema financeiro, já que os correntistas podem solicitar seus recursos a qualquer momento e emprestá-los a longo prazo (Parkin, 2003). E é do *spread*, ou seja, da diferença obtida entre os juros pagos aos correntistas e aqueles cobrados dos tomadores de empréstimos, que os bancos remuneram seus riscos e geram seus lucros.

10.4 Moeda, crescimento econômico e inflação

Além das atribuições que discutimos até o momento a respeito da moeda, ela desempenha um importante papel sobre o crescimento econômico e sobre a inflação. Para facilitar, representaremos a interligação entre essas variáveis graficamente. No primeiro capítulo, discutimos a fronteira de possibilidades de produção e sua função de representar a capacidade máxima de produção de um país. Agora, no Gráfico 10.1, o PIB potencial será representado por uma curva de oferta agregada de longo prazo. Ainda na mesma figura, representaremos as curvas de oferta e demanda de curto prazo. No eixo horizontal está representado o PIB e no eixo vertical, o nível de preços.

Gráfico 10.1 – Representações gráficas das curvas de oferta e demanda agregadas

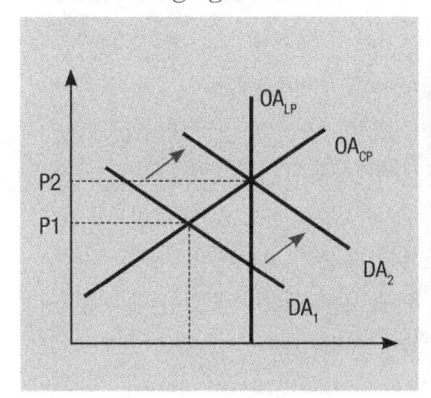

Inicialmente, o PIB_1 corresponde ao nível de preços P1. Tão logo a quantidade de moeda seja ampliada, ocorre um deslocamento da curva de demanda agregada DA_1 para a esquerda, onde a nova curva de demanda DA_2 cruza a curva de oferta agregada de longo prazo (OA_{LP}) em um nível de preço mais elevado (P2).

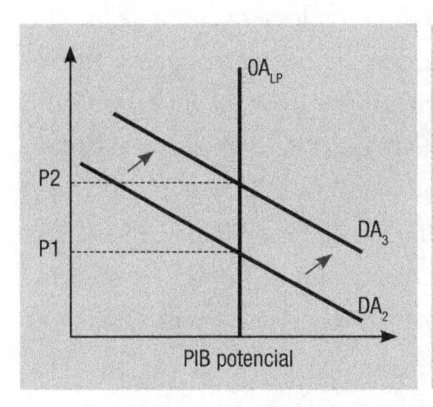

Uma vez alcançado o PIB potencial, novos aumentos da oferta de moeda não causarão qualquer impacto sobre o crescimento econômico, apenas elevarão o nível de preços.

10.5 Juros

A taxa de juros é a recompensa por postergar o consumo de hoje para o futuro. No Brasil, desde junho de 1996, cabe ao Comitê de Política Monetária do Banco Central (Copom) definir a taxa de juros. Ela corresponde, segundo o Banco Central, à meta da taxa do Sistema Especial de Liquidação e Custódia (Selic), ou seja, à "taxa média dos financiamentos diários, com lastro em títulos federais, apurados no Sistema Especial de Liquidação e Custódia" (BCB, 2014a).

Essa taxa de juros que você costuma ouvir nos noticiários e todas as demais que possam estar presentes no seu cotidiano, tais como as taxas de juros de um financiamento imobiliário, de um empréstimo, do cartão de crédito ou aquela que remunera nossas aplicações financeiras, correspondem à taxa de juros nominal, resultante da taxa de juros real acrescida da taxa de inflação esperada para o período. Para compreender o que isso significa, utilizaremos como exemplo o rendimento da Caderneta de Poupança.

Em 2012, a taxa anual de remuneração da poupança foi de 6,5%, enquanto a taxa de inflação do período foi de 5,85%. Adicionalmente, suponha que uma conta poupança tenha recebido um único depósito de R$ 1.000,00 em 1º de janeiro do mesmo ano. Em janeiro de 2013, a remuneração total foi de R$ 65,00, resultando em um saldo de R$ 1.065,00. Contudo, se por um lado houve um acréscimo no montante aplicado, por outro houve também uma perda de poder de compra de R$ 58,50, já que os preços na economia também foram reajustados no período. Logo, em termos líquidos, o saldo de R$ 1.065,00 equivale a apenas R$ 1.006,50, ou seja, é como se a taxa de remuneração da poupança fosse de 0,65% (6,5% – 5,85%), e não de 6,5%.

Denomina-se de *rendimento real* esse percentual que efetivamente resultou em maior poder de compra para o depositante, conforme esquematizado a seguir:.

> **taxa de juros real = taxa de juros nominal – taxa de inflação esperada**

Mas, afinal, qual a importância da taxa de juros?

No âmbito das famílias, o patamar da taxa de juros pode influenciar as decisões de poupança e consumo; já no âmbito empresarial, o impacto do nível de juros recai sobre as decisões de investimentos. Assim, quanto mais elevada a taxa de juros, maior a atratividade dos investimentos financeiros em detrimento dos investimentos produtivos.

Eis um bom exemplo: em julho de 2009, o Governo Federal anunciou o programa Minha Casa, Minha Vida, direcionado à aquisição de habitações para famílias com renda mensal de até R$ 4.650,00, por meio de condições de financiamento facilitadas e juros reduzidos. A fim de se beneficiarem dos juros subsidiados, muitas famílias anteciparam suas decisões de consumo e decidiram adquirir seus imóveis.

Ademais, a taxa de juros exerce influência significativa sobre as políticas macroeconômicas: cambial, fiscal e monetária, temas que serão abordados nos capítulos a seguir.

10.6 Renda

No Capítulo 1, discutimos os fatores de produção, os quais são utilizados no processo produtivos de bens e serviços para atender as necessidades dos indivíduos. Podemos dividir esses fatores em: **terra, trabalho** e **capital**; todavia, ainda não atribuímos remunerações a eles.

Uma vez que nenhum recurso produtivo contribui para a produção gratuitamente, podemos compreender como *rendas* as remunerações dos fatores de produção. Dessa maneira, ao fator *terra* atribui-se a remuneração aluguel; ao *trabalho*, atribui-se o salário; ao *capital*, atribuem-se os juros, os lucros e os *royalties* – estes, por sua vez, refletem a remuneração específica destinada ao uso de tecnologias detentoras de patentes. Podemos compreender, então, que cada fator de produção é remunerado por uma renda específica. Essa condição nos ajuda a compreender melhor os elementos introdutórios do estudo da macroeconomia e os conceitos que compõem os lados real e monetário da economia.

Síntese

Neste capítulo, aprendemos um pouco mais sobre a moeda, esse instrumento tão presente em nosso dia a dia, mas de cuja real importância, por força do hábito e da correria, acabamos não nos dando conta.

Nossa descoberta passou pelo histórico da moeda, desde os primórdios até os dias atuais. Conhecemos os diferentes tipos de moeda e suas funções, compreendemos o processo de criação de moeda pelos bancos comerciais, bem como a influência dela no crescimento econômico e na inflação. Por fim, analisamos também a taxa de juros e as rendas atribuídas a cada um dos fatores de produção.

Questões para revisão

1. Quais são as três funções básicas da moeda?

2. Qual é a diferença entre taxa de juros real e taxa de juros nominal?

3. Indique se as afirmações a seguir são verdadeiras (V) ou falsas (F):

( ) As classificações dos ativos em M1, M2 e M3 seguem o critério da importância de tais recursos para a economia.

( ) O papel moeda em poder do público (PMPP) refere-se à quantidade de papel moeda emitido pelo Banco Central.

( ) A emissão de papel moeda é uma função exclusiva do Banco Central.

( ) Assim como o Banco Central, os bancos comerciais também estão autorizados a emitir papel moeda.

( ) O *spread* corresponde à diferença obtida entre os juros pagos aos correntistas e aqueles cobrados dos tomadores de empréstimos.

( ) Quanto maior a taxa de juros, maior a atratividade dos investimentos produtivos em detrimento dos investimentos financeiros.

Agora assinale a alternativa que corresponde à sequência correta:

a) V, V, F, F, F, V.
b) F, V, F, V, V, F.
c) F, V, V, V, F, F.
d) V, F, F, V, V, F.
e) F, F, V, F, V, F

4. Avalie as afirmativas a seguir e assinale a alternativa correta:

   a) Moeda fiduciária é a moeda criada pelos bancos comerciais.

   b) No curto ou no longo prazo, elevações na oferta de moeda apenas provocam elevação no nível de preços, não exercendo qualquer impacto sobre o crescimento econômico.

   c) Cabe ao Banco Central definir o percentual de reservas técnicas e compulsórias que devem ser depositadas pelos bancos comerciais nos cofres dos bancos centrais.

   d) A taxa de juros definida pelo Comitê de Política Monetária (Copom) não exerce qualquer impacto sobre as famílias e seu campo de influência restringe-se às decisões das empresas.

   e) A função da moeda como reserva de valor permite que o consumo de hoje possa ser adiado.

5. Avalie as afirmativas a seguir e assinale a alternativa correta:

   a) Uma elevação da oferta de moeda desloca a curva de demanda agregada para a esquerda.

   b) Uma elevação da oferta de moeda desloca a curva de demanda agregada para a direita.

   c) A criação de moeda fiduciária equivale à criação de poder de compra, uma vez que esse tipo de moeda não existe fisicamente.

d) Um dos propósitos da reserva bancária é controlar o volume de crédito na economia.

e) O papel moeda (PME) emitido corresponde à soma do papel moeda em poder de público (PMPP) com a moeda escritural.

Questão para reflexão

1. Leia o texto a seguir e explique de que forma a elevação do compulsório retira dinheiro da economia.

Banco Central sobe compulsório e retira R$ 61 bilhões da economia

O Conselho Monetário Nacional e a diretoria do Banco Central decidiram elevar a alíquota do depósito compulsório [...]. Com a medida, o governo está retirando R$ 61 bilhões da economia brasileira.

Fonte: Martello, 2010.

Para saber mais

BCB – Banco Central do Brasil. **Dinheiro no Brasil**. 2. ed. Brasília: BCB, 2004. Disponível em: <http://www.bcb.gov.br/Pre/PEF/PORT/publicacoes_DinheironoBrasil.pdf>. Acesso em: 8 out. 2014.

BCB – Banco Central do Brasil. **Fique por dentro**. 4. ed. Brasília: BCB, 2008. Disponível em: <http://www.bcb.gov.br/htms/sobre /bcuniversidade/cartilhabancocentral.pdf>. Acesso em 8 out. 2014.:

Para conhecer a história do dinheiro no Brasil e a importância do Banco Central, a própria instituição disponibiliza as cartilhas Dinheiro no Brasil e Fique por Dentro, que aconselhamos como fonte de conhecimento sobre a moeda, desde sua chegada ao Brasil, e também sobre a própria instituição, com seu histórico e evolução do sistema financeiro no Brasil.

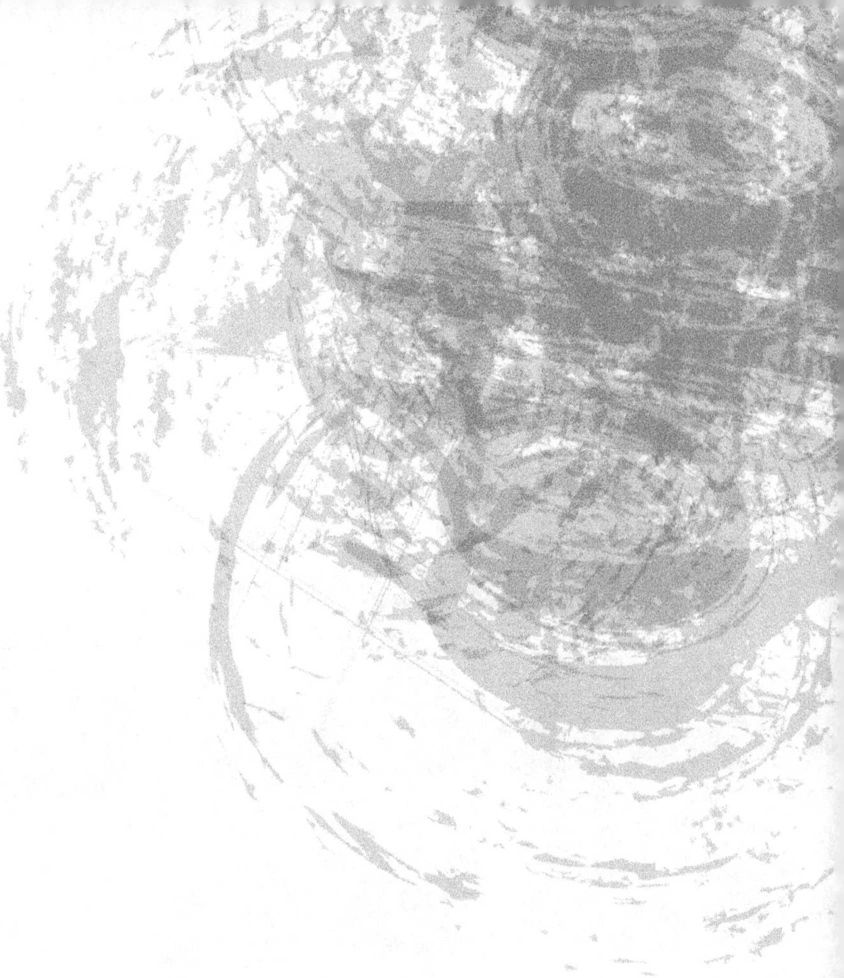

11 relações com o exterior

Pedro Augusto Godeguez da Silva

conteúdos do capítulo

> Teorias do comércio internacional.
> Taxa de câmbio.
> Balanço de pagamentos.

após o estudo deste capítulo, você será capaz de:

1. compreender a teoria das vantagens absolutas;
2. entender a teoria das vantagens comparativas;
3. compreender o modelo H-O;
4. analisar o conceito de câmbio e identificar os tipos de regimes cambiais;
5. compreender elementos básicos do balanço de pagamentos e interpretar suas principais contas.

O ambiente internacional é determinante dos níveis de crescimento e desenvolvimento dos países. De fato, nesse ambiente são transacionados bens e serviços, assim como há fluxos de investimentos, troca de conhecimentos, elaboração de acordos internacionais, resolução de conflitos e impasses.
São diversas as variáveis que compõem o cenário internacional e que influenciam a maneira como os países se relacionam. Neste capítulo, abordaremos alguns aspectos importantes para compreender a economia internacional, destacando-se o balanço de pagamentos, a taxa de câmbio e as teorias e vantagens do comércio internacional.

11.1 Teorias do comércio internacional

Os países sempre buscaram transacionar no mercado internacional. Estudaremos neste capítulo algumas das principais teorias desenvolvidas para explicar as vantagens dessas transações.

Os economistas clássicos Adam Smith e David Ricardo apresentam visões similares. O modelo de vantagens absolutas de Smith (1979) e o de vantagens comparativas de Ricardo (1996) se valem das mesmas premissas. Imagine dois países que produzem dois produtos com apenas um fator de produção, a mão de obra, como ocorre no exemplo clássico da produção de tecido e de vinho entre Portugal e Inglaterra. Vamos, então, compreender as diferenças entre os modelos.

No modelo das vantagens absolutas de Smith, a vantagem é definida pela condição de um país de conseguir produzir (tecido/vinho) com a menor quantidade de horas trabalhadas, portanto, apresentando maior eficiência do seu fator de produção em relação a outro país. Veja o exemplo a seguir, em que Portugal despende cinco horas trabalhadas para produzir uma unidade de tecido e duas horas para produzir uma unidade de vinho. Já a Inglaterra despende duas horas para produzir uma unidade de tecido e cinco horas para produzir uma unidade de vinho.

Tabela 11.1 – *Exemplo do modelo de vantagens absolutas de Adam Smith*

	Tecido	Vinho
Portugal	5h	2h
Inglaterra	2h	5h

Note que Portugal apresenta vantagem absoluta na produção de vinho (duas horas), pelo fato de sua mão de obra ser mais eficiente na produção dessa bebida do que na de tecido (cinco horas). Por outro lado, a Inglaterra tem vantagem absoluta na produção de tecido, visto que sua produtividade, medida em horas de mão de obra, é maior na produção de tecido (duas horas) do que na de vinho (cinco horas).

Portanto, de acordo com o modelo proposto por Smith (1979), Portugal deveria se especializar na produção de vinho e exportá-lo para a Inglaterra, que deveria se especializar na produção de tecido e exportá-lo para Portugal. Dessa maneira, ambos os países seriam beneficiados com as trocas internacionais.

O modelo das vantagens comparativas de Ricardo (1996), apesar de partir das mesmas premissas, apresenta uma importante diferença. Em vez de justificar as vantagens de um país de maneira absoluta, Ricardo propõe medi-las de maneira relativa, por meio dos custos de oportunidade, e não simplesmente pela quantidade absoluta de trabalho empregado na produção. No exemplo a seguir, observamos o número de horas trabalhadas para a produção de uma unidade de cada produto.

Tabela 11.2 – Exemplo do modelo de vantagens comparativas de David Ricardo

	Tecido	Vinho
Portugal	10h	13h
Inglaterra	12h	20h

Note que Portugal apresenta vantagem absoluta tanto na produção de vinho quando na de tecido, pois gasta menos horas de trabalho do que a Inglaterra para produzir uma unidade do produto. No entanto, essa vantagem absoluta não deve ser considerada na abordagem de Ricardo, pois, em substituição, as vantagens comparativas serão medidas pelos custos de oportunidade. Como já estudamos em microeconomia, o custo de oportunidade é aquele que considera o quanto deixamos de produzir de "A" para produzir de "B". Dessa maneira, para encontrarmos os custos de oportunidade de Portugal e Inglaterra na produção desses dois produtos, devemos calcular a relação entre as horas gastas na produção de tecido e as horas gastas na produção de vinho. Da mesma maneira, é preciso calcular as horas despendidas na produção de vinho em relação às horas gastas na produção de tecido. Observe o desenvolvimento no Tabela 11.3.

Tabela 11.3 Continuação do exemplo do modelo de vantagens comparativas de David Ricardo, considerando os custos de oportunidade

	Tecido/Vinho	Vinho/Tecido
Portugal	10h/13h	13h/10h
(Custo de oportunidade)	0,77	**1,30**
Inglaterra	12h/20h	20h/12h
(Custo de oportunidade)	**0,60**	1,67

Note que, apesar de Portugal ter vantagens absolutas em todos os produtos, com a abordagem dos custos de oportunidade, o modelo de Ricardo nos indica que a Inglaterra tem vantagens comparativas na produção de tecido, enquanto Portugal tem vantagem comparativa na produção de vinho. Portanto, de acordo com esse modelo, Portugal deveria se especializar na produção de vinho, e a Inglaterra, na produção de tecido (Krugman; Obstfeld, 2010).

Além das teorias das vantagens comparativas e absolutas, outro modelo ganhou espaço na explicação de como os países deveriam se especializar na produção de seus produtos, o qual ficou conhecido como modelo H-O, devido aos seus criadores, Eli Heckscher e Bertil Ohlin (Krugman; Obstfeld, 2010). De acordo com tal modelo, um país exportará bens que utilizarem intensivamente seu fator de produção abundante e importará bens que usem fortemente seu fator de produção escasso (Krugman; Obstfeld, 2010).

Como exemplo, imagine um país que tenha muitas terras férteis e mão de obra pouco qualificada. Segundo o modelo H-O, esse país deveria produzir produtos que fossem intensivos em terra e pouco intensivos em mão de obra, especializando-se neles.

O modelo ricardiano, segundo Krugman e Obstfeld (2010), não nos permite observar impactos sobre a distribuição de renda. No entanto, o modelo H-O afirma que a tendência à equalização dos preços dos fatores afetará a distribuição de renda (Krugman; Obstfeld, 2010). Dessa maneira, os proprietários dos fatores abundantes de um país ganham com o comércio, enquanto os proprietários dos fatores escassos perdem. Os ganhos e as perdas se dão em termos relativos, pois os proprietários dos fatores abundantes melhoram sua condição de renda em relação aos proprietários dos fatores escassos.

No entanto, o modelo ricardiano mostrou mais aderência aos testes empíricos; já no modelo H-O, alguns desses testes encontraram evidências divergentes ao enunciado pelo modelo (Krugman; Obstfeld, 2010). Entre tais testes, pode-se citar o Paradoxo de Leontief*, mostrando que, apesar de os Estados Unidos serem um dos países mais abundantes em capital do mundo, as exportações eram menos intensivas em capital (Krugman; Obstfeld, 2010).

Similar ao Paradoxo de Leontief, o estudo de Bowen, Leamer e Sveikauskas chega a resultados parecidos (Krugman; Obstfeld, 2010). Outro estudo relevante é "O caso do comércio desaparecido", em que se atribui às capacidades tecnológicas diferenciadas a mesma capacidade explicativa das dotações dos fatores (Krugman; Obstfeld, 2010).

---

* Por meio do paradoxo da transparência, Leontief demonstrou que, se um país receber uma transferência de outro e aplicá-la mal, acabará por ficar mais pobre em vez de mais rico (Bastião, 2013).

11.2 Taxa de câmbio

O conceito de *taxa de câmbio* é muito importante para explicar as transações internacionais, sejam elas de investimentos, sejam de comércio ou mesmo viagens particulares. A taxa de câmbio nada mais é do que o preço de uma moeda medido em termos de outra moeda. Quando dizemos que precisamos de R$ 2,00 para comprar US$ 1,00, automaticamente estamos calculando a taxa de câmbio. Portanto, quando medimos o preço de uma moeda estrangeira baseada no preço de nossa moeda local, temos tal taxa.

A taxa de câmbio varia de acordo com a oferta e a demanda por moeda. Vamos imaginar que uma empresa brasileira seja importadora de matéria-prima dos Estados Unidos. Obviamente, as mercadorias não poderão ser pagas em reais, portanto, a empresa importadora vai demandar dólares. Por outro lado, uma empresa brasileira exportadora, quando vende seus produtos para outros países, recebe seu pagamento em dólares. No entanto, essa empresa precisará trocar seus dólares por reais, o que aumentará a oferta de dólares no mercado.

Devemos lembrar que a taxa básica de juros de uma economia também interfere na taxa de câmbio. Imagine que, se um país aumentar sua taxa de juros e começar a receber muitos investimentos estrangeiros de portfólio, haverá uma grande entrada de dólares na economia, mudando a taxa de câmbio.

Vamos imaginar que em determinada economia houve um aumento na oferta de moeda estrangeira (dólares). Podemos, portanto, esperar um aumento ou uma redução na taxa de câmbio? Com o aumento da oferta de dólares, podemos supor que, pela lei de oferta e demanda, o preço do dólar irá diminuir (pois há mais dólares para serem negociados). Assim, a moeda nacional ficará valorizada em relação ao dólar, caracterizando uma valorização cambial.

Se estabelecermos o raciocínio inverso, ou seja, se a demanda por moeda estrangeira (dólar) aumentar, observaremos então que o preço do dólar vai subir e, portanto, ficar mais caro. Como o dólar fica mais caro, e portanto precisamos de um volume maior de moedas nacionais para comprá-lo, podemos afirmar que a moeda nacional se desvalorizou, o que reflete uma desvalorização cambial.

Apesar dessa flutuação de acordo com os movimentos da oferta e da demanda por moeda, a taxa de câmbio pode ser controlada em regimes cambiais, destacando-se os dois tipos comentados a seguir:

1. **Regime de câmbio fixo** – Nessa situação, o Banco Central fixa a taxa de câmbio e obriga-se a disponibilizar reservas para o mercado sempre que necessário. Como vantagem, podemos observar que o preço dos importados não se eleva com variações cambiais. No entanto, entre as desvantagens, há o aumento da vulnerabilidade externa.

2. **Regime de câmbio flutuante** – Nessa situação, não há o controle pelo Banco Central. Assim, a taxa de câmbio flutua de acordo com as leis de mercado, ou seja, oferta e demanda por moeda. Como vantagem, podemos observar uma maior liberdade da taxa básica de juros, que não ficaria refém do controle cambial. Entre as desvantagens, pode haver grandes flutuações, caracterizando um ambiente de alta volatilidade cambial.

Além desses regimes cambiais, pode haver uma mistura entre eles, como é o caso do regime de flutuação suja, quando há intervenção do Banco Central diante de momentos em que a grande volatilidade não é desejada. Também há o regime de bandas cambiais, em que o Banco Central define um intervalo de variação para a taxa de câmbio, intervindo sempre que a volatilidade dessa taxa forçar os limites estipulados.

A taxa de câmbio deve ser observada com atenção pelos agentes de uma economia, na medida em que seus efeitos estão espalhados por toda a sociedade e podem refletir-se diretamente na vida das pessoas. Veja, por exemplo, a relação entre a taxa de câmbio e a inflação na Figura 11.1.

Figura 11.1 – Câmbio e inflação

Valorização cambial e inflação

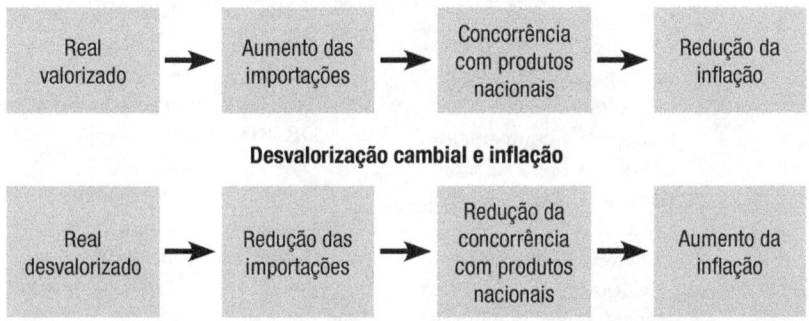

Real valorizado → Aumento das importações → Concorrência com produtos nacionais → Redução da inflação

Desvalorização cambial e inflação

Real desvalorizado → Redução das importações → Redução da concorrência com produtos nacionais → Aumento da inflação

11.3 Balanço de pagamentos

Sabemos que países transacionam com outros diversos países. Assim como as empresas possuem seus balanços patrimoniais, em que se registram as operações ao longo do tempo, os países também registram suas transações em determinado período de tempo, em um balanço chamado de *balanço de pagamentos*, que vamos estudar a seguir.

O balanço de pagamentos, definido como a contabilização das transações econômicas dos residentes de uma nação com o restante do mundo, é composto por diversas balanças e contas, conforme podemos ver no exemplo retratado no Quadro 11.1.

Quadro 11.1 – Exemplo de estrutura do balanço de pagamentos

Conta corrente	Conta capital e financeira
a) **Balança comercial** › Mercadorias (tangíveis) b) **Serviços** › Transportes e viagens internacionais › Seguros › Serviços governamentais › Computação › *Royalties* › Aluguel de equipamentos › Serviços financeiros (*fees*) c) **Rendas** › Juros › Lucros e dividendos › Salários d) **Transferências unilaterais**	a) **Conta capital** › Transferências de patrimônio (migrantes) b) **Conta financeira** › Investimentos diretos (incluem empréstimos intercompanhia) › Investimentos em carteira (emissão de títulos de crédito: DR, BDR, bônus, notes) › Derivados financeiros (*swops*, opções, futuros...) › Outros investimentos (empréstimos, moeda, depósitos...) c) **Erros e omissões**

As transações econômicas registradas no balanço de pagamentos são referentes às trocas de valores, envolvendo a transferência de propriedade de bens, serviços, títulos, ações, dinheiro e outros ativos, de residentes de um país para residentes de outro. Portanto, o balanço de pagamentos deve cobrir todas as transações econômicas com estrangeiros, e não apenas aquelas que se realizam por meio do mercado de câmbio.

Os registros de um balanço de pagamentos são realizados com base no princípio contábil das partidas dobradas. Então, do ponto de vista contábil, o balanço de pagamentos está sempre equilibrado.

Entre as características das contas que compõem o balanço de pagamentos, podemos citar:

> **Conta corrente** – Exibe todos os fluxos que afetam diretamente a renda nacional presente. Subdivide-se em balança comercial, balança de serviços, balanço de rendas e balanço de transferências unilaterais. Portanto, o saldo em transações correntes é apurado com base nessas quatro contas.

> **Conta de capital e financeira** – Registra os fluxos de todos os ativos internacionais que irão afetar a renda nacional futura. Subdividem-se em movimentos de capitais autônomos e fluxos de capitais compensatórios.

A balança comercial diz respeito ao intercâmbio de bens tangíveis, que são as exportações e importações de mercadorias. Geralmente se contabilizam essas transações com mercadorias pelo seu valor de mercado no local de embarque, excluindo o valor dos fretes, das taxas portuárias, do seguro e das corretagens – *Free on Board* (FOB) ou *Cost, Insurance and Freight* (CIF).

A balança de serviços inclui o intercâmbio dos bens intangíveis, como viagens internacionais, transportes, seguros, serviços de computação e informações, *royalties* e licenças, aluguel de equipamentos, serviços governamentais, entre outros serviços.

No balanço de rendas são registradas as remessas de capitais estrangeiros, as receitas de empresas nacionais em território estrangeiro, assim como a remuneração do trabalho assalariado e dos investimentos registrados na conta financeira. Entre as rendas oriundas de investimentos diretos ou em carteira, devem ser registradas nesse balanço: lucros, dividendos, juros dos títulos da dívida interna, debêntures etc.

As transferências unilaterais ou transferências correntes caracterizam-se como lançamentos sem contrapartida, por exemplo, doações ou remessas de emigrantes ou imigrantes.

A conta capital e a financeira registram as transações com ativos e passivos entre residentes e o resto do mundo. Destacam-se os investimentos diretos e os investimentos em carteira.

Os investimentos diretos são normalmente considerados investimentos produtivos, que podem ocorrer em operações de aquisições na participação do capital das empresas, configurando uma aquisição total ou mesmo parcial. Também são considerados investimentos diretos os empréstimos intercompanhias, que registram os empréstimos entre uma empresa matriz e suas subsidiárias internacionais.

Os investimentos em carteira registram as transações de ativos e passivos, como títulos negociados nas bolsas de valores, títulos da dívida, derivativos financeiros e empréstimos de residentes a não residentes, relacionados a créditos de exportação ou de importação. Envolvem também os empréstimos acordados com finalidade de regularização de dificuldades no balanço de pagamentos.

O saldo do balanço de pagamentos pode ser superavitário ou deficitário, o que indicará se um país enviou mais dinheiro ao exterior ou recebeu mais ao transacionar com outros países em determinado período de tempo. No caso de um déficit em transações correntes, pode ser que o país consiga revertê-lo ou, ao menos, reduzi-lo com os movimentos de capitais registrados na conta capital e financeira.

No caso de um país apresentar déficits no balanço de pagamentos, para equilibrar essa situação, basicamente ele tem duas alternativas. Na primeira, caso possua reservas internacionais, poderá usá-las para reequilibrar suas contas. Na segunda, no caso de não haver reservas internacionais disponíveis, o país poderá recorrer a formas de financiamento externo por meio de organismos internacionais, como o Fundo Monetário Internacional (FMI).

Síntese

Neste capítulo, expusemos uma introdução aos elementos da economia internacional. Foram apresentadas as principais teorias do comércio internacional, de vantagens absolutas e vantagens comparativas, além do modelo H-O, na busca de compreender como cada país deveria se comportar para ter mais eficiência em suas trocas internacionais.

Além disso, apresentamos a estrutura do balanço de pagamentos, em que as trocas internacionais são registradas. Como estudamos, o balanço de pagamentos registra todas as transações econômicas dos residentes de uma nação com o restante do mundo.

Também abordamos elementos que nos possibilitam um olhar mais atento para a importância da taxa de câmbio e de como ela influencia os agentes de uma economia.

Questões para revisão

1. Explique as diferenças entre os modelos H-O, de vantagens comparativas e de vantagens absolutas.

2. Explique as alternativas que um país tem para equilibrar seu saldo do balanço de pagamentos. Discuta com seus colegas quais os possíveis problemas que essas medidas podem causar.

3. Durante a implementação do Plano Real, a âncora cambial garantiu que R$ 1,00 equivalesse a US$ 1,00. Diante desse efeito na economia, podemos dizer que a taxa de câmbio:

    a) era flutuante e o mercado determinou a paridade.
    b) era fixa e o Bacen comprava e vendia divisas para manter a paridade.
    c) era mista e o Bacen determinava um intervalo de flutuação.
    d) era administrado e havia pontuais intervenções do Bacen.

4. A taxa de câmbio é o preço de uma moeda de determinado país medido em termos de outra moeda, de outro país. No entanto, cada economia pode determinar o regime cambial. Sobre esse tema, o tipo de regime conhecido como *dirty fluctuation* tem as seguintes características:

    a) Câmbio administrado, flutuando entre limites claros estipulados pelo Bacen.
    b) Câmbio livre, flutuando de acordo com a oferta e a demanda do mercado cambial.
    c) Câmbio com moderado grau de intervenção do Banco Central.
    d) Câmbio altamente controlado pelo Banco Central.

5. Imagine que um país tenha registrado em seu balanço de pagamentos um déficit em transações correntes. Indique quais das operações indicadas a seguir poderiam compensar esse déficit:

   a) Entrada de investimentos diretos e em carteira na conta financeira.
   b) Renda líquida enviada ao exterior por empresas brasileiras.
   c) Aumento das reservas internacionais.
   d) Recebimento de *royalties*.

Questões para reflexão

1. Segundo informações do Ministério do Desenvolvimento, Indústria e Comércio Exterior (MDIC), o dólar começou o ano de 2012 cotado a R$ 1,73. Porém, em 2013 a moeda americana ficou bem acima desse patamar, negociada a mais de R$ 2,00. Tal informação revela que a moeda brasileira se valorizou ou desvalorizou no período? Esse cenário favorece as exportações ou as importações? Explique.

2. Leia atentamente o texto a seguir e, depois, responda à questão.

BC do Japão ousa para aquecer a economia

O Banco do Japão conseguiu surpreender na primeira reunião sob o comando de Haruhiko Kuroda. Surpreendeu não pelo anúncio de um programa agressivo de flexibilização monetária (possivelmente maior que o do Federal Reserve e do

Banco da Inglaterra em proporção do PIB), mas pela vasta amplitude das medidas. O objetivo é tirar o país do quadro deflacionário perene dos últimos 15 anos e, como efeito colateral, induzir a desvalorização do iene de modo a impulsionar a atividade econômica.

A maior novidade, sem dúvida, foi o estabelecimento de uma meta para a expansão da base monetária, que será dobrada nos próximos dois anos. "Para atingir esse objetivo, o banco entrará em uma nova fase de afrouxamento monetário, em termos quantitativos e qualitativos", diz o comunicado da decisão. Em dois anos, portanto, o BC japonês pretende não apenas atingir a meta de 2% para a inflação e dobrar a base monetária, mas também dobrar o volume de títulos soberanos (JGBs) e ativos arriscados (ETFs) em seu balanço e "mais que dobrar" a maturidade mínima das compras remanescentes de JGBs.

Fonte: BC..., 2013.

Por qual razão o programa agressivo de flexibilização monetária, ou seja, a elevação da oferta de moeda na economia, provocará a desvalorização da moeda japonesa (iene)?

Para saber mais

BCB – Banco Central do Brasil. **Série Histórica do Balanço de Pagamentos**. 2014. Disponível em: <http://www.bcb.gov.br/?SERIEBALPAG>. Acesso em: 8 out. 2014.

O Banco Central disponibiliza a série histórica do Balanço de Pagamentos Brasileiro em periodicidade mensal, trimestral e anual. Nesse levantamento, constam os balanços de pagamentos desde 1995 para consulta.

12
inflação

Érika Roberta Monteiro

conteúdos do capítulo

> Estudo da inflação.
> Estudo da deflação.
> Distorções causadas pela inflação.
> Políticas de combate à inflação.
> Índices de preços.

após o estudo deste capítulo, você será capaz de:

1. definir inflação e deflação;
2. identificar as possíveis causas de pressões inflacionárias e associá-las aos diferentes tipos de inflação;
3. explicar os efeitos distorcivos causados pela inflação;
4. compreender as medidas de combate à inflação segundo suas causas;
5. apontar diferenças metodológicas que justificam a existência de mais de um índice de preços na economia.

Neste capítulo, trataremos de fenômenos macroeconômicos relativos a variações no nível de preços geral da economia, tais como: inflação, deflação, hiperinflação e estagflação. Além de questões meramente conceituais, analisaremos mais detalhadamente as causas, as distorções e as medidas corretivas voltadas à inflação.

Você já ouviu falar de inflação? Certamente que sim. Mas há inflação hoje no Brasil? Para responder a essa questão, partiremos de outras duas:

1. Os preços dos bens e serviços estão subindo? Trata-se de uma elevação eventual ou esse fenômeno tem se repetido seguidamente?

2. Os preços de diversos bens estão subindo ou apenas os de alguns deles, em particular?

Se você respondeu "sim" a ambas as perguntas, considere que há inflação, ou seja, um aumento contínuo e generalizado do nível de preços.

12.1 Tipos de inflação

Agora você deve estar se perguntando por quais razões esse fenômeno acontece. Pois bem, diferentes causas permitem que a inflação seja classificada de três formas: inflação de demanda, inflação de custos e inflação inercial, as quais serão explicadas nos próximos tópicos.

12.1.1 Inflação de demanda

Toda vez que a demanda se sobrepõe à oferta, ou seja, quando há mais consumidores dispostos a adquirir e não há produtos disponíveis para atendê-los, os preços elevam-se, provocando uma inflação de demanda. Políticas de estímulo à demanda agregada, tais como redução de impostos, aumento dos gastos do governo, reduções de juros e expansões do crédito, principalmente quando implantadas em um contexto de pleno emprego, podem ser apontadas como causas desse tipo de inflação.

12.1.2 Inflação de custos

Também denominada *choque de oferta*, na presença de inflação de custos, não há elevações na demanda. O que ocorre, nesse caso, é um comprometimento da oferta, motivado, principalmente, pelas seguintes razões:

> **Reajustes salariais acima dos ganhos de produtividade** – Sob a ótica econômica, para que não ocorram pressões inflacionárias, os reajustes salariais devem estar relacionados aos ganhos de produtividade, e não decorrerem de pressões sindicais e escassez de mão de obra. Nesses dois últimos casos, os empresários elevarão os salários sem que tenham ampliado sua lucratividade. Desse modo, tal elevação de custos será repassada aos preços dos produtos.

> **Elevação dos custos das matérias-primas** – Algumas delas são essenciais a diversas atividades produtivas, assim, um reajuste em seus preços impactará os preços de diversos outros produtos. Essas matérias-primas são o petróleo, a energia elétrica e as *commodities* de modo geral. Muitas vezes, tais insumos não estão disponíveis no mercado interno e precisam ser importados, tendo, portanto, seus preços impactados por variações cambiais.

> **Estruturas de mercado pouco concorrenciais** – A presença de monopólios e oligopólios tende a tornar as demandas mais inelásticas e, assim, facilitar reajustes de preços.

12.1.3 Inflação inercial

Esse é um tipo peculiar de inflação, uma vez que independe de descompassos entre as forças de oferta e demanda. Geralmente, está associada a produtos ou serviços cujos reajustes de preços se relacionam a variações de índices de preços previamente estabelecidos contratualmente, como ocorre com os contratos de aluguéis.

Nesse caso, ainda que, hipoteticamente, todos os mercados permaneçam em equilíbrio, os aluguéis serão reajustados devido às pressões inflacionárias verificadas no período anterior. Outro exemplo decorre dos dissídios salariais. Por essa razão, costuma-se afirmar que se trata de um tipo de inflação que se retroalimenta: a pressão inflacionária atual foi motivada pela inflação passada e originará inflação futura.

Assim, quanto maior o número de preços reajustados automaticamente em uma economia, maior o seu grau de indexação.

12.2 Distorções causadas pela inflação

Um dos principais problemas causados pela inflação é a perda de poder de compra, ou seja, à medida que os preços sobem, os salários vão se tornando insuficientes para adquirir a mesma cesta de produtos. Ora, se é assim, bastaria que os reajustes salariais acompanhassem a elevação dos preços para que os problemas fossem resolvidos. Contudo, não é tão fácil e simples assim solucionar o problema inflacionário. Suponha que, em determinado mês, o índice de preços tenha registrado uma elevação de 2%, motivada por variações nos preços das matrículas escolares, do transporte público e dos alimentos. Será que os preços de todos esses itens sofreram essa variação? Será que todos esses itens fazem parte da sua cesta de consumo?

É mais provável que alguns itens tenham sido reajustados com uma taxa maior, enquanto outros talvez tenham apresentado uma redução de preços, e talvez algum deles nem sequer faça parte da sua cesta de consumo. Ou seja, o índice de preços reflete apenas uma cesta de consumo referencial, e não de fato os itens adquiridos pelas pessoas individualmente. Logo, com certeza o reajuste salarial baseado no índice de preços não recomporá o poder de compra de todos os agentes econômicos.

Outra distorção causada pela inflação é seu impacto sobre a distribuição de renda. Ainda que a elevação de preços afete todas as famílias, enquanto aquelas de menor poder aquisitivo direcionam toda a sua renda para o consumo, as de maior poder aquisitivo podem direcionar parte de sua renda a investimentos financeiros, cujos retornos talvez compensem, ainda que parcialmente, os efeitos da inflação. É por essa razão que se costuma ouvir que a inflação incide mais intensamente sobre os pobres.

Ademais, a elevação dos preços internos, além de reduzir a atratividade do investimento produtivo interno ao reduzir a confiança do empresariado, também reduz a competitividade dos produtos exportados, estimulando, em contrapartida, as importações.

Por fim, as pressões inflacionárias, uma vez que desestabilizam os mercados, geram incertezas, afugentando investimentos produtivos e, consequentemente, o crescimento econômico.

12.3 Como medir a inflação?

Os índices de preços costumam ser uma "sopa de letrinhas" para os cidadãos leigos que acompanham os telejornais. Possivelmente, você já deve ter se deparado com alguns desses índices. Cada um deles representa determinada cesta de produtos, pertencente a consumidores, a produtores, a produtos transacionados com o exterior ou a uma atividade econômica específica. Além disso, eles diferem em relação à metodologia de cálculo, à periodicidade, à abrangência geográfica ou à faixa de renda. O Quadro 12.1 apresenta as características dos principais índices de preços.

Quadro 12.1 – Índices de preços

Instituto	Índice	Índices complementares	Faixa de renda	Área de abrangência	Coleta	Divulgação	Início da série
IBGE	IPCA-15	não há	1 a 40 SM	11 maiores regiões metropolitanas	Dia 16 do mês anterior ao dia 15 do mês de referência	Até o dia 25 do mês de referência	2000
	IPCA				Dia 1º ao dia 30 do mês de referência	Até o dia 15 do mês subsequente	1979
	INPC		1 a 5 SM				
FGV	IGP-10	IPA IPC INCC	1 a 33 SM no IPC, que é computado com os Índices de Preços no Atacado (IPA) e na construção civil (INCC).	7 das principais capitais do país	Dia 11 do mês anterior ao dia 10 do mês de referência	Até o dia 20 do mês de referência	1993
	IGP-M	IPA IPC INCC			Dia 21 do mês anterior ao dia 20 do mês de referência 1ª prévia – dia 21 ao último dia 2ª prévia – dia 21 ao dia 10	Até o dia 30 do mês de referência 1ª prévia – até dia 10 2ª prévia – até dia 20	1989
	IGP--DI	IPA IPC INCC			Dia 1º ao último dia do mês de referência	Até o dia 10 do mês subsequente	1944
Fipe	IPC--Fipe	não há	1 a 20 SM	Município de São Paulo	Dia 1º ao último dia do mês de referência, atualizado toda semana	Até o dia 10 do mês subsequente	1939

Fonte: BCB, 2014b.

Entre as peculiaridades, o Índice de Preços ao Consumidor Amplo (IPCA) destaca-se por ser utilizado como balizador do sistema de metas de inflação. O Índice Nacional de Preços ao Consumidor (INPC) é comumente utilizado em dissídios salariais para trabalhadores com renda de até cinco salários mínimos. O Índice Geral de Preços do Mercado (IGP-M) e o Índice Geral de Preços de Disponibilidade Interna (IGP-DI) costumam ser utilizados como referência para reajustes contratuais, tais como os de aluguéis e de preços administrados por órgãos públicos, cujos reajustes independem de desequilíbrios entre a oferta e a demanda – entre eles, telefonia, planos de saúde, transporte público, IPVA etc.

12.4 Políticas de combate à inflação

As políticas de combate à inflação reduzem-se, com exceção da do tipo inercial, a tentativas de reestabelecer o equilíbrio do mercado, ora por meio de medidas que afetam a demanda, ora por medidas que afetam a oferta.

Uma vez que o processo inflacionário tenha sido associado à inflação de demanda, a equipe econômica do governo dispõe tanto de instrumentos contracionistas de política fiscal como de política monetária, destinados a desestimular o consumo, seja das famílias, seja do próprio governo. Alternativamente, as importações podem ser estimuladas por meio da redução de impostos ou de valorizações da moeda nacional, a fim de ampliar a disponibilidade de produtos no mercado interno, reduzindo assim a pressão sobre os preços.

Caso a inflação seja de oferta, as mesmas políticas relativas ao comércio exterior podem ser adotadas. Contudo, quando as motivações se devem ao mercado de trabalho ou à falta de competição nos mercados, as correções de ordem estrutural somente podem ser realizadas no longo prazo.

Tal questão estrutural deve ser igualmente aplicada à inflação inercial, que implica tomar medidas que visem desindexar a economia, eliminando os reajustes automáticos de preços.

12.5 Deflação

Se a inflação se refere a um aumento generalizado do nível de preços, a deflação implica um movimento exatamente oposto, ou seja, um processo de redução generalizada e contínua do nível de preços.

Ao contrário do que se possa pensar inicialmente, quedas de preços também geram distorções. Assim como pressões inflacionárias estimulam os agentes a antecipar o consumo, pressões deflacionárias os levam a postergar o consumo, à espera de maiores reduções. Quedas contínuas de preços reduzem as margens de lucro, conduzindo as economias a ciclos recessivos.

12.6 Outros termos

O fenômeno da hiperinflação caracteriza-se por taxas de crescimento de preços acima de 50% ao mês, ao passo que o termo *estagflação* é atribuído a uma situação em que ocorrem, simultaneamente, inflação e recessão econômica.

Síntese

Neste capítulo, aprendemos os diferentes termos associados a variações de preços: *inflação, deflação, hiperinflação* e *estagflação*. Em especial, focamos nossa análise em compreender o fenômeno da inflação. Para tanto, entendemos que, embora a definição seja única e simples − aumento contínuo e generalizado do nível de preços −, os tipos de inflação e as políticas de combate a ela diferem de acordo com os fatores causadores da pressão inflacionária.

Por fim, aproveitamos a ocasião para decifrar as diferenças de cada índice de preço divulgado nos noticiários, relativas aos parâmetros metodológicos adotados em sua construção.

Questões para revisão

1. O que é inflação?

2. Quais são os diferentes tipos de inflação?

3. Indique se as afirmações a seguir são verdadeiras (V) ou falsas (F):

( ) Uma das distorções causadas pela inflação está relacionada à distribuição de renda.

( ) Uma vez que a inflação é um fenômeno macroeconômico, ela afeta toda a sociedade de maneira homogênea, independentemente de classes sociais.

( ) A deflação, ao contrário da inflação, corresponde a uma queda generalizada e contínua do nível de preços e, portanto, não causa distorções.

( ) A elevação de preços no mercado doméstico também reduz a competitividade de nossos bens no exterior.

( ) Diz-se que há estagflação quando uma economia é acometida, conjuntamente, de inflação e recessão econômica.

( ) Uma maneira de corrigir os efeitos distorcivos causados pela inflação é reajustar os salários, evitando a perda de poder de compra.

Agora assinale a alternativa que corresponde à sequência correta:

a) V, V, F, F, F, V.
b) F, V, F, V, V, F.
c) F, V, V, V, F, F.
d) V, F, F, V, V, F.
e) F, F, V, F, F, F.

4. Assinale a alternativa correta quanto aos tipos de inflação:

a) A inflação de demanda é caracterizada por distorções concomitantes na oferta e na demanda.

b) Uma das causas associadas à inflação de custos refere-se a reajustes salariais dissociados de ganhos de produtividade.

c) A inflação inercial também é conhecida por *choque de oferta*.

d) Em estruturas de mercado com muita concorrência, a inflação de custos é mais frequente.

e) As variações cambiais também podem gerar inflações de demanda.

5. Assinale a alternativa correta relativa aos índices de preços e às políticas de combate à inflação:

a) O uso de políticas contracionistas fiscais ou monetárias é destinado ao combate da inflação inercial.
b) O período de coleta dos dados é a principal diferença entre o IGP-M e o IPCA.
c) Entre os índices de preços ao consumidor, o INPC corresponde àquele destinado às famílias de baixa renda.
d) A desvalorização da moeda nacional contribui com a redução da pressão inflacionária.
e) Questões estruturais que motivam a elevação de preços estão relacionadas à inflação de demanda.

Questões para reflexão

1. Leia a seguir um texto sobre o impacto da quebra de safra de grãos americana na economia brasileira. Esse fato tende a gerar qual tipo de inflação no Brasil: inflação de demanda, inflação de custos ou inflação inercial? Justifique.

Quebra da safra de grãos nos Estados Unidos vai impactar inflação no Brasil

A seca histórica que atinge as principais regiões produtoras de grãos dos Estados já está fazendo com que economistas comecem a revisar os cálculos de inflação e as expectativas sobre a taxa de juros no Brasil. Devido à quebra na produção americana de soja, milho e trigo, o preço dessas *commodities* disparou no mercado internacional nas últimas semanas. Base de uma vasta gama de alimentos – da carne de frango a um simples biscoito recheado –, os grãos prometem ser os vilões da inflação brasileira e mundial neste e nos próximos anos.

"O mundo está completamente interligado, e essa seca nos EUA evidencia isso. Por mais que pareça que está distante do Brasil, não tem como não sermos afetados", diz Edgar Beauclair, professor da Escola Superior de Agricultura Luiz de Queiroz (Esalq), da USP.

Fonte: Alonso, 2012.

2. Os textos apresentados a seguir relacionam os aumentos salariais, a taxa de produtividade e os aumentos da inflação. O risco inflacionário se refere a uma inflação de demanda, de custos ou inercial? Justifique.

CNI: salários sobem, mas produtividade industrial não

Para o gerente executivo da Unidade de Política Econômica da Confederação Nacional da Indústria (CNI), Flávio Castelo Branco, o Brasil vive um cenário curioso, com situação de pleno emprego – quando praticamente todas as pessoas que querem trabalhar estão contratadas –, mas com índices de produtividade da economia abaixo do desejado.

Fonte: Docca; Bonfanti, 2013.

BC: alta de salários acima da produtividade gera risco inflacionário

O Banco Central voltou a reafirmar, de modo mais enfático, sua preocupação com a concessão de reajustes salariais acima dos ganhos de produtividade da economia.

"No fim do dia, o ganho [de aumentar salários acima da taxa de produtividade] é nulo. Não tem mais salário [no bolso do trabalhador], só vamos ter mais inflação", disse o diretor de Política Econômica do BC, Carlos Hamilton Araújo.

Fonte: Alves; Campos; Peres, 2013.

Para saber mais

LABORATÓRIO Brasil. Direção: **Roberto Stefanelli**. Brasil: Câmara dos Deputados, 2007. 58 min. Disponível em: <http://www2.camara.leg.br/camaranoticias/tv/materias/DOCUMENTARIOS/175503-LABORATORIO-BRASIL.html>. Acesso em: 8 out. 2014.

O documentário Laboratório Brasil, com duração de 58 minutos, dirigido por Roberto Stefanelli, apresenta a história da inflação no Brasil, da década de 1980 à implantação do Plano Real, em 1994. O filme apresenta números surpreendentes, como os 70 trilhões por cento de inflação em 15 anos, na época da redemocratização do país.

13
políticas econômicas
Érika Roberta Monteiro

conteúdos do capítulo

> Flutuações na atividade produtiva.
> Política monetária.
> Política fiscal.

após o estudo deste capítulo, você será capaz de:

1. definir política monetária;
2. definir política fiscal;
3. identificar os instrumentos de política fiscal e monetária;
4. diferenciar políticas expansionistas de políticas contracionistas;
5. avaliar os efeitos adversos das diferentes formas de financiamento do setor público.

No Capítulo 8, em que abordamos contas nacionais, explicamos que há momentos nos quais surgem descompassos entre as forças de mercado, oferta e demanda. Eles provocam flutuações na atividade produtiva quando períodos de expansão e de contração se intercalam. Também verificamos, no mesmo capítulo, o efeito desses descompassos sobre o PIB e sobre o nível de preços.

Neste capítulo, conheceremos algumas políticas das quais o governo dispõe a fim de estimular a atividade produtiva, suavizando os períodos de contração ou imprimindo maior ritmo aos períodos de prosperidade – impulsionando assim a demanda agregada.

13.1 Flutuações na atividade produtiva

Suponha duas situações, inversas àquelas discutidas no Capítulo 9, em que ocorra uma redução na demanda agregada ou uma redução na oferta agregada, tais como as apresentadas nos Gráficos 13.1 e 13.2.

Gráfico 13.1 – Redução da demanda agregada no curto prazo

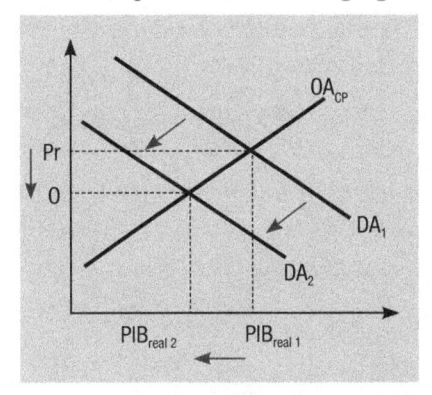

Gráfico 13.2 – Redução da oferta agregada de curto prazo

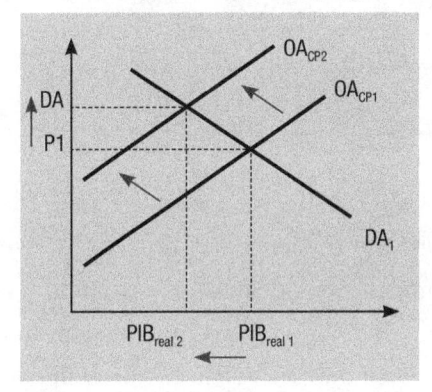

Por sua vez, os governos podem fazer uso de instrumentos, ou seja, de políticas fiscais e monetárias, a fim de reconduzir a demanda agregada de DA_2 para DA_1, na primeira situação, ou ampliar a demanda agregada com o objetivo de manter o nível de produção, ainda que com elevação no nível de preços.

Do mesmo modo, nas situações como as que serão representada no Gráfico 13.3, as políticas fiscais e monetárias podem ser utilizadas para reconduzir a demanda agregada de DA_2 para DA_1, estabilizando o nível geral de preços. Isso acontece nos casos em que ampliações na demanda agregada apenas estejam impulsionando o nível de preços.

Gráfico 13.3 – Aumento da demanda agregada no longo prazo

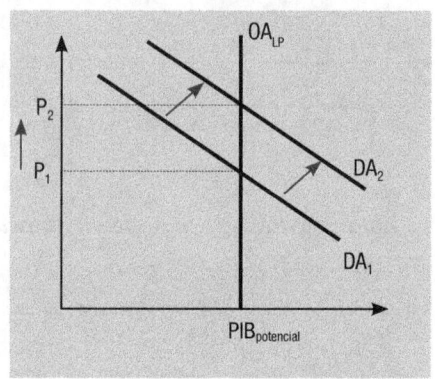

Todavia, há controvérsias entre economistas acerca do uso de políticas monetárias e fiscais com o propósito de suavizar os ciclos econômicos. Seus defensores afirmam que as intervenções são necessárias, uma vez que evitam flutuações indesejáveis, ao passo que seus críticos afirmam que a economia não responde imediatamente a esses estímulos, o que torna seus impactos ainda mais distorcivos.

13.2 Política monetária

A política monetária consiste em estímulos à demanda agregada por meio de juros, crédito ou oferta de moeda. A adoção dos instrumentos é feita de tal forma que estimule a demanda agregada, classificando as políticas monetárias como *expansionistas*. Inversamente, desestímulos à demanda agregada são motivados por políticas monetárias de caráter contracionista.

No Brasil, a deliberação e a execução da política monetária são realizadas pelos seguintes órgãos: Conselho Monetário Nacional (CMN), Banco Central (Bacen) e Comitê de Política Monetária (Copom), cujas definições são apresentadas na Figura 13.1.

Figura 13.1 – Autoridades monetárias do Brasil

CMN	BACEN	COPOM
Autoridade máxima do sistema financeiro nacional, formado pelos ministros da Fazenda e do Planejamento e pelo presidente do Banco Central, cuja função é estabelecer diretrizes gerais de política monetária, cambial e de crédito.	Órgão executor, a quem cabe atuar como: • banco emissor; • banco dos bancos; • banco do governo; • executor das políticas monetária e cambial; • fiscal das instituições financeiras.	Órgão executor, responsável pela definição da taxa básica de juros e seu viés e pela análise do Relatório de Inflação. Desde 1999, seu principal objetivo é cumprir as metas de inflação definidas pelo CMN.

Fonte: Adaptado de Feijó et. al., 2008.

Desde junho de 1999, a política monetária no Brasil é regida pelo Sistema de Metas de Inflação. Após a implantação do Plano Real, pondo fim a um período de descontrole inflacionário, a política monetária abandonou a âncora cambial e adotou o Sistema de Metas. A âncora cambial nada mais era do que uma regra por meio da qual a política monetária mantinha a estabilidade de preços, ao instituir uma paridade entre o real e o dólar. Tal paridade poderia se dar tanto pela determinação de uma taxa de câmbio quanto pela adoção de uma banda cambial em que se define um valor mínimo e um máximo que a taxa de câmbio poderá assumir. O Sistema de Metas de Inflação, que já havia sido adotado anteriormente em diversos países, consiste em um compromisso público, assumido pelo Banco Central, com uma meta de inflação previamente estabelecida. Além de se comprometer com a estabilidade de preços, a autoridade monetária deve atuar de maneira autônoma e transparente, comunicando aos agentes econômicos, por meio de atas, os objetivos e as razões que justificam a decisão da política monetária em relação à taxa de juros.

Em 1999, a meta definida para a taxa de inflação foi de 8% ao ano, com um intervalo de 2 p.p. (pontos percentuais), ou seja, o sistema de metas seria cumprido se a taxa de inflação anual, medida por intermédio do Índice de Preços ao Consumidor Amplo (IPCA), estivesse entre 6% e 10% ao ano. Segundo o Histórico de Metas para a Inflação no Brasil, de 2006 até 2015, a meta de inflação está definida em 4,5% ao ano, mantendo-se o intervalo de 2 p.p (BCB, 2014b).

Caso a inflação anual não se situe dentro do intervalo definido, cabe ao presidente do Banco Central divulgar uma Carta, endereçada ao Ministro da Fazenda, explicando as razões para o não cumprimento da meta e as providências que serão tomadas para corrigir esse desvio.

A vigilância das autoridades monetárias em relação à taxa de inflação é frequente. É por essa razão que, aproximademante a cada 45 dias, você pode acompanhar nos noticiários e telejornais o resultado das reuniões do Copom. Tais reuniões ocorrem sempre em dois dias – no primeiro, são avaliadas as condições conjunturais e financeiras da economia;

no segundo, analisam-se as projeções de inflação e as possíveis alternativas para a taxa de juros.

Por fim, os membros do Copom votam, definindo a melhor alternativa e, possivelmente, um viés a ser adotado, que pode ser de elevação ou de redução da taxa de juros. O propósito é autorizar o Banco Central a alterar a taxa Selic (Sistema Especial de Liquidação e Custódia) antes da próxima reunião, caso julgue necessário.

13.3 Instrumentos de política monetária

Neste tópico, apresentaremos os instrumentos de política monetária utilizados pelo Banco Central, ou seja, as ações tomadas pelas autoridades econômicas para controlar a oferta de moeda e a taxa de juros.

> **Oferta de moeda** – Refere-se à moeda fiduciária, ou seja, à quantidade de moeda impressa pela Casa da Moeda, por solicitação do Banco Central. Quanto maior o volume de moeda em circulação na economia, maior o estímulo à demanda agregada.

> **Reservas compulsórias** – Correspondem aos depósitos obrigatórios que os bancos comerciais devem fazer no Banco Central, a fim de que este possa ter o controle sobre a oferta de crédito da economia e garantir a solidez do sistema financeiro nacional. Isso evita que o nível de empréstimos concedido pelos bancos seja excessivo. Tais depósitos correspondem a um percentual aplicado sobre o volume de depósitos à vista realizados em cada instituição financeira. Quanto maior for essa alíquota, menor será o montante de recursos disponível para empréstimos na economia

e, consequentemente, também menor será a demanda agregada.

> **Operações de *open market*** – Também conhecidas como *operações de mercado aberto*, consistem na compra e venda de títulos com o intuito de regular a quantidade de moeda existente na economia. Assim, a venda de títulos públicos corresponde à retirada de moeda da economia, e, portanto, a compra de títulos públicos corresponde a um aumento da oferta de moeda na economia. A política fiscal também faz uso da venda de títulos públicos, contudo, nesse caso, seu objetivo não envolve o controle da quantidade de moeda em circulação na economia; o objetivo é o financiamento da dívida do governo, uma vez que a venda de títulos equivale a um pedido de empréstimo que o governo faz à sociedade em troca de uma remuneração, que pode ser fixa ou variável.

> **Operações de redesconto** – Estão intimamente relacionadas à função do Banco Central de atuar como banco dos bancos. Isso porque a taxa de redesconto corresponde à taxa de juros cobrada pelo Banco Central ao efetuar empréstimos a bancos comerciais quando estes não dispõem de recursos para saldar suas obrigações. Desse modo, quanto mais elevada for a taxa de redesconto, menor será o incentivo para que as instituições financeiras demandem recursos do Banco Central e, consequentemente, ampliem a oferta de moeda na economia. É importante ressaltar que políticas monetárias contracionistas, ao reduzirem a oferta de moeda, elevam a taxa de juros.

> **Taxa de juros** – É o principal instrumento da política monetária no controle da demanda agregada. Ao elevar a Selic, a taxa de juros básica da economia, os empréstimos tornam-se

mais caros, reduzindo, portanto, o consumo das famílias e os investimentos das empresas, o que exerce efeito contracionista sobre a demanda agregada.

13.4 Política fiscal

A política fiscal consiste em estímulos à demanda agregada por meio de tributos ou gastos do governo. Analogamente à política monetária, à política fiscal também pode ser atribuído um caráter expansionista ou contracionista. Quando o governo eleva a carga tributária ou reduz seus próprios gastos, promove uma redução da demanda agregada. No entanto, ao reduzir o nível de tributação ou elevar seus próprios gastos, estimula a demanda agregada.

A constatação de uma situação de equilíbrio ou de desequilíbrio nas contas públicas consiste em outra forma de analisar o volume de receitas e despesas do governo, conforme discutimos no Capítulo 8 relativo às contas nacionais. Adicionalmente, no âmbito da política fiscal, cabe ainda apresentarmos as alternativas possíveis ao financiamento da dívida pública.

De imediato, é preciso ressaltar que déficits públicos sempre provocarão uma medida adversa sobre a economia. Caso o governo decida cortar gastos ou elevar sua própria renda, subindo o nível de tributação, produzirá um efeito contracionista sobre a demanda agregada. Se a solução adotada for obter empréstimos por meio da venda de títulos da dívida pública, sua dívida será ampliada, devido ao pagamento de juros decorrentes do financiamento. Por fim, caso o governo opte pela emissão monetária, ainda que não haja dívidas, o efeito desfavorável será a pressão inflacionária, motivada pelo estímulo à demanda agregada.

Síntese

Neste capítulo, retomamos ideias discutidas em dois outros capítulos. Elas são relativas às flutuações econômicas e aos desequilíbrios motivados por alterações na oferta e na demanda agregadas. O objetivo foi complementá-las com uma análise sobre possíveis intervenções do governo voltadas à suavização desses ciclos.

Para tanto, após identificarmos as distorções de curto e longo prazo, vimos que há duas políticas econômicas possíveis: a monetária e a fiscal. Enquanto a primeira dispõe de instrumentos relacionados ao controle da oferta monetária, ao crédito e à taxa de juros, a segunda faz uso dos gastos e das receitas do governo.

Ainda em relação à política monetária, identificamos os órgãos envolvidos em sua definição e execução, bem como detalhamos outros instrumentos, quais sejam: reservas compulsórias, operações de *open market*, operações de redesconto e taxa de juros. Ademais, conhecemos um pouco sobre o Sistema de Metas de Inflação, em vigor no Brasil desde 1999.

Por fim, concluímos nossa discussão acerca das políticas econômicas apresentando as alternativas possíveis ao déficit público, bem como seus efeitos adversos.

Questões para revisão

1. Defina política fiscal e política monetária.

2. Quais os instrumentos de política fiscal e de política monetária?

3. Indique se as afirmações a seguir são verdadeiras (V) ou falsas (F):

   ( ) Há um consenso entre economistas acerca da intervenção do governo por meio de políticas fiscais ou monetárias, com o intuito de suavizar os ciclos econômicos.

   ( ) Desde 1999, a política monetária brasileira é guiada por uma âncora cambial, cujo objetivo é estabelecer uma paridade entre a moeda nacional e a estrangeira.

   ( ) No Brasil, o Banco Central representa a autoridade máxima na deliberação e na execução da política monetária.

   ( ) O índice de preços que baliza o Sistema de Metas de Inflação é o Índice de Preços ao Consumidor Amplo (IPCA).

   ( ) Uma das funções do Banco Central é atuar como banco dos bancos, emprestando dinheiro às demais instituições financeiras.

   ( ) Atualmente, a meta de inflação é de 4,5% a.a., com um intervalo de tolerância de 2 p.p. para cima ou para baixo.

   Agora, assinale a alternativa que corresponde à sequência correta:
   a) F, F, F, V, V, V.
   b) V, V, V, F, V, F.
   c) V, F, F, V, F, V.
   d) F, V, F, F, V, V.

4. Assinale a alternativa correta em relação aos instrumentos de política monetária e fiscal:

a) As reservas compulsórias, assim como o nível de tributação, constituem instrumentos de política monetária.

b) Nas operações de *open market*, quando o Banco Central vende títulos, objetiva reduzir a quantidade de moeda em circulação na economia.

c) Nas operações de *open market*, quando o Banco Central compra títulos, objetiva reduzir a quantidade de moeda em circulação na economia.

d) As operações de *open market* constituem instrumentos de política fiscal e de política monetária, cujo objetivo é suavizar as flutuações econômicas.

e) Nas operações de *open market*, quando o Banco Central vende títulos, objetiva ampliar a quantidade de moeda em circulação na economia.

5. Assinale a alternativa correta em relação às políticas fiscais e monetárias:

a) Uma elevação da taxa de redesconto é um instrumento de política monetária de caráter expansionista.

b) Uma redução da taxa de reservas compulsórias é um instrumento de política monetária de caráter expansionista.

c) Uma elevação dos gastos do governo é um instrumento de política fiscal de caráter contracionista.

d) Uma elevação da taxa de juros é um instrumento de política monetária de caráter expansionista.

e) Uma redução de impostos é um instrumento de política fiscal de caráter contracionista.

Questões para reflexão

1. A reportagem apresentada a seguir aponta dois tipos de políticas macroeconômicas que podem ter motivado a alta da inadimplência do consumidor em abril de 2012. Identifique-as e classifique-as como instrumentos de política fiscal ou monetária.

Inadimplência do consumidor volta a crescer em abril, diz SPC Brasil

A inadimplência do consumidor registrou alta de 4,45% em abril de 2012, na comparação com o quarto mês de 2011, segundo dados do SPC Brasil (Serviço de Proteção ao Crédito). Essa é a 14º elevação em 15 meses do indicador de dívidas, tendo como base a comparação intra-anual, algo que só não aconteceu em março deste ano, quando o índice registrou a primeira queda após treze meses consecutivos de expansão.

Conforme avaliação da CNDL (Confederação Nacional de Dirigentes Lojistas), a alta da inadimplência registrada em abril é consequência do cenário macroeconômico mais favorável ao consumo em 2012, com reduções de tributos para itens industrializados e a recuperação mais forte do crescimento interno, que se ampara em políticas expansionistas como a redução dos juros básicos.

Vale apontar também que o resultado negativo da inadimplência em março, que interrompeu longo ciclo de altas, foi artificialmente alterado por conta do efeito calendário, uma vez que em março de 2012 houve mais dias úteis que em março de 2011, uma vez que se comemorou o Carnaval ano passado no terceiro mês do ano, e não em fevereiro, como de costume.

Fonte: Inadimplência..., 2012.

2. Leia a notícia a seguir, sobre as medidas de austeridade impostas ao governo grego. Tais medidas podem ser associadas a que tipo de política macroeconômica: fiscal ou monetária? Explique se elas têm caráter expansionista ou contracionista.

Principais pontos das medidas de austeridade da Grécia

A Grécia enfrenta na quarta-feira uma crucial votação parlamentar sobre novas medidas de austeridade, que inclui uma poupança de 28,4 bilhões de euros e altas de impostos, além da arrecadação de cerca de 50 bilhões graças a privatizações.

Com este programa de ajustes, o Governo pretende desbloquear os 12 bilhões do quinto lance do empréstimo do Fundo Monetário Internacional (FMI) e da União Europeia (UE), sem o qual Atenas não pode enfrentar seus pagamentos no próximo mês e abrir a porta a um segundo resgate.

Pretende-se cortar as despesas do Estado em cerca de 14,3 bilhões de euros e arrecadar outros 14,1 bilhões até 2015, a fim de situar o déficit abaixo dos 3% do PIB nesse ano.

Fonte: Principais..., 2011.

Para saber mais

MANKIW, N. G. **Introdução à economia**. 6. ed. São Paulo: Cengage Learning, 2009.

Novamente indicamos o livro já clássico de Mankiw para aqueles que desejam estudar as políticas econômicas governamentais com maior profundidade. Os problemas macroeconômicos constam nos capítulos 6 a 12, 23 a 28, 31 a 32 e 36. Todos eles tratam de diferentes aspectos da macroeconomia que influenciam as políticas econômicas governamentais.

Estudo de caso

Pedro Augusto Godeguez da Silva

Macroeconomia e economia internacional

> **Introdução** – Por meio das políticas monetária e fiscal, os governos têm o poder de intervir na economia, seja para reverter uma situação de recessão, seja para desacelerar a economia em um cenário inflacionário. Essa discussão se tornou muito frequente após as crises nos Estados Unidos e na Europa, cujos efeitos interferem diretamente na dinâmica econômica mundial. Compreender os efeitos de tais políticas é determinante para o posicionamento estratégico das empresas diante das possíveis mudanças nos cenários político e econômico.

> **Objetivo** – Compreender e identificar os efeitos das políticas monetárias e fiscais, contracionistas ou expansionistas, em uma economia globalizada.

> **Parte 1** – Tendo por base as informações abordadas nos capítulos de macroeconomia, especialmente no Capítulo 12, inicie esta atividade identificando as características principais dos instrumentos de política monetária e fiscal, descrevendo os efeitos teóricos das medidas contracionistas e expansionistas em determinada economia.

> **Parte 2** – Busque notícias, informações, boletins que auxiliem na compreensão e na contextualização dos cenários político e econômico da Europa. Em seguida, elabore um texto que responda às seguintes questões:

a) Quais políticas (fiscais e monetárias) foram adotadas na Europa?
b) Quais foram as motivações econômicas para a adoção dessas políticas?
c) Quais são os principais problemas das políticas adotadas?
d) Existe consenso entre os países da Europa em relação a estas políticas? Explique as divergências.
e) Quais são as propostas alternativas às políticas adotadas?

> **Parte 3** – Faça uma análise que relacione o aumento do desemprego com as medidas de austeridade tomadas pela Europa. Nessa análise, busque compreender as seguintes questões:

a) Como estão relacionados o nível de atividade (PIB) e o desemprego?
b) Qual é a relação entre desemprego e inflação?

Material de apoio:
Entenda a discussão sobre austeridade fiscal na Europa
As medidas de austeridade se tornaram altamente impopulares com o público, já que de forma geral têm como resultado cortes em serviços públicos, aumento da idade de aposentadorias e reduções salariais para aposentados e funcionários públicos.
Outra crítica é que tais medidas afetam o crescimento. [...] "A austeridade por si só corre o risco de ser autodestrutiva, com a redução da demanda interna em linha com o aumento da preocupação do consumidor em relação aos empregos e aos salários, erodindo assim a geração de impostos", disse a agência de classificação de risco Standard & Poor's ao reduzir a nota de crédito da França no início deste ano.

Hollande não está sozinho ao defender que medidas que levem ao estímulo do crescimento são mais importantes. Muitos economistas renomados são favoráveis a essa ideia, entre eles o Prêmio Nobel Joseph Stiglitz.

Fonte: Entenda..., 2012.

Desemprego na zona do euro sobe e chega a recorde de 12,1%

O número de pessoas desempregadas nos países que integram a zona do euro subiu mais uma vez, atingido o nível recorde de 12,1%.

Este é 23º mês consecutivo a registrar alta da taxa. A inflação, no entanto, diminuiu drasticamente.

Fonte: Desemprego..., 2013.

Política monetária não pode ser única resposta à crise, diz Dilma

[...] A presidente afirmou ainda que o Brasil está fazendo a sua parte para ajudar na retomada da economia global, conjugando crescimento com austeridade fiscal. Numa crítica às políticas adotadas pelos principais países em crise, disse que há uma falsa dualidade entre conceder medidas de estímulo e ao mesmo tempo adotar rigor fiscal.

Fonte: Ribeiro, 2012.

> *As medidas da Europa e dos EUA contra a crise vão atrapalhar o Brasil?*
>
> Em entrevistas concedidas ao site do Valor durante o 9º Fórum de Economia da FGV, que aconteceu na semana passada em São Paulo, José Luis Oreiro, professor do Departamento de Economia da Universidade de Brasília, Luiz Carlos Bresser-Pereira, professor da Fundação Getúlio Vargas, e Ben Schneider, professor do departamento de Ciências Políticas no Instituto de Tecnologia de Massachusetts (MIT, na sigla em inglês), falam das perspectivas para a crise global e seus reflexos no Brasil.

Fonte: Guimarães, 2012.

A política fiscal pode ser feita de duas maneiras: por variações dos impostos ou dos gastos do governo. Uma política fiscal expansionista, com aumento dos gastos do governo ou redução da carga tributária, tem como efeito o aumento da demanda agregada e do nível de atividade econômica. Dessa maneira, pode-se esperar uma redução nas taxas de desemprego, o que garante um maior poder de barganha salarial por parte dos trabalhadores. Tal situação, no entanto, encarece o custo de produção, que, quando repassado aos preços, tende a gerar algum grau de inflação.

Uma política fiscal contracionista, com redução dos gastos do governo e/ou aumento da carga tributária, tem como efeito a redução do nível de atividade econômica, aumentando o desemprego, que, no limite, barateia o custo de produção e reduz os preços da economia. Portanto, a redução do déficit real do governo faz com que a taxa de juros diminua, tendendo a provocar um aumento no nível de investimentos do setor privado em compensação à redução dos gastos públicos. No longo prazo, com o aumento do investimento, pode-se esperar uma maior possibilidade de produção, em função das novas condições tecnológicas, sugerindo um maior crescimento econômico.

Apesar da grande heterogeneidade entre os países europeus, as políticas adotadas pelas nações em crise foram de caráter contracionista, visando controlar as crescentes dívidas públicas de países como Grécia, Espanha e Itália. No entanto, essas medidas de austeridade não têm grande apelo popular, pois envolvem um elevado corte de benefícios antes garantidos pelo Estado, além de aumentar significativamente o desemprego.

A crítica entre os países com situações econômicas diferentes na Europa transcende os aspectos econômicos, assumindo características políticas e ideológicas. Se, por um lado, países como a Alemanha defendem a manutenção das medidas de austeridade, por outro, os países endividados sinalizam para a necessidade de tirar a economia dos malefícios da recessão. A solução proposta pelo presidente francês François Hollande baseia-se na geração de empregos e no afrouxamento das medidas de austeridade fiscal. A ideia é gerar emprego para estimular o consumo e o crescimento e, assim, poder aumentar os tributos para elevar as receitas governamentais, a fim de reduzir o endividamento público.

As questões a serem discutidas envolvem tensões políticas, ideológicas e econômicas. No entanto, a discussão é fundamental para compreender as diversas frentes oriundas da heterogeneidade europeia. As decisões tomadas por lá afetam significativamente os mercados globais, incluindo as empresas brasileiras internacionalizadas ou importadoras; nesse sentido, as estratégias devem ser tomadas atentamente, para garantir o aproveitamento das janelas de oportunidade.

para concluir

Com a finalização desta obra, espera-se que os conceitos básicos da ciência econômica tenham sido assimilados por você, não com enfoque decorativo e subordinado à aprovação nos exames finais, mas sim de modo a compreender a grande participação da economia no dia a dia e sua relevância no âmbito individual e familiar. Em especial, esperamos que as seções que tratam da macroeconomia tenham possibilitado uma melhor compreensão do noticiário econômico, propiciando ao estudante a atitude de manter-se firme frente à tentação de trocar o canal da TV e tentar entendê-lo.

É fundamental entender que a economia, assim como outras ciências sociais, tem por função desenvolver uma análise crítica a partir de uma nova perspectiva, lançando luz sobre um ângulo até então desconhecido. Que esses primeiros passos no mundo econômico tenham sido suficientes para tornar compreensíveis os principais fundamentos e, ao mesmo tempo, instigantes, ao ponto de impulsionar o aluno a aprofundar seus conhecimentos nessa importante ciência.

referências

ALONSO, O. Quebra da safra de grãos nos Estados Unidos vai impactar inflação no Brasil. **Ig São Paulo**, 22 ago. 2012. Disponível em: <http://economia.ig.com.br/empresas/agronegocio/2012-08-22/quebra-da-safra-de-graos-nos-estados-unidos-vai-impactar-inflacao-no-brasil.html>. Acesso em: 17 mar. 2014.

ALVES, M. R.; CAMPOS, E.; PERES, L. BC: alta de salários acima da produtividade gera risco inflacionário. **Valor Econômico**, 28 mar. 2013. Disponível em: <http://www.valor.com.br/brasil/3065346/bc-alta-salarios-acima-da-produtividade-gera-risco-inflacionario>. Acesso em: 17 mar. 2014.

AMORIM, R. Adeus, 2013. Feliz 2014? **Istoé**, 30 nov. 2013. Disponível em: <www.istoe.com.br/colunas-e-blogs/coluna/335946_ADEUS+2013+FELIZ+2014+>. Acesso em: 26 ago. 2014.

ARAÚJO, M. S. et al. **Para entender a conjuntura econômica**. São Paulo: Manole, 2008.

BASILE, J. SDE investigará venda casada de seguro. **Valor Econômico**, 15 mar. 2012b. Disponível em: <http://www.ibrac.org.br/Noticias.aspx?id=1465>. Acesso em: 21 jul. 2014.

BASTIÃO, F. A cigarreira de Leontief. **Jornal de negócios**, 31 dez. 2013. Disponível em: <http://www.jornaldenegocios.pt/opiniao/detalhe/a_cigarreira_de_leontief.html>. Acesso em: 26 ago. 2014.

BCB – BANCO CENTRAL DO BRASIL. Copon: definição e histórico. Brasília, 2014b. Disponível em: <http://www.bcb.gov.br/COPOMHIST>. Acesso em: 31 jul. 2014.

_____. Índices de preços no Brasil. 2014. Disponível em: <http://www4.bcb.gov.br/pec/gci/port/focus/FAQ%202-%20%C3%8Dndices%20de%20Pre%C3%A7os%20no%20Brasil.pdf>. Acesso em: 31 jul. 2014.

_____. Resolução n. 3.210, de 30 de junho de 2004. Disponível em: <http://www.bcb.gov.br/pre/normativos/res/2004/pdf/res_3210_v1_O.pdf>. Acesso em: 29 ago. 2014.

BC do Japão ousa para aquecer economia. **Valor Econômico**, 5 abr. 2013. Disponível em: <http://www.valor.com.br/financas/3074246/bc-do-japao-ousa-para-aquecer-economia>. Acesso em: 17 mar. 2014.

BRASIL. Constituição (1988). **Diário Oficial da União**, Brasília, DF, 5 out. 1988. Disponível em: <www.planalto.gov.br/ccivil_03/constituicao/ConstituicaoCompilado.htm>. Acesso em: 3 nov. 2014.

_____. **Emendas constitucionais**. Disponível em: <www010.dataprev.gov.br/sislex/paginas/22/consti.htm>. Acesso em: 26 ago. 2014.

BRASIL. Lei n. 4.137, de 10 de setembro de 1962. **Diário Oficial da União**, Poder Legislativo, Brasília, DF, 12 set. 1962. Disponível em: <http://www.planalto.gov.br/ccivil_03/leis/1950-1969/L4137.htm>. Acesso em: 31 jul. 2014.

_____. Lei n. 8.884, de 11 de junho de 1994. **Diário oficial da União**, Poder Legislativo, Brasília, DF, 13 jun. 1994. Disponível em: <http://www.planalto.gov.br/ccivil_03/leis/L8884.htm>. Acesso em: 26 ago. 2014.

BRASIL. Lei 12.529, de 30 de novembro de 2011. **Diário Oficial da União**, Poder Legislativo, Brasília, DF, 2 dez. 2011. Disponível em: <http://www.planalto.gov.br/ccivil_03/_ato2011-2014/2011/Lei/L12529.htm>. Acesso em: 3 nov. 2014.

BRASIL. Ministério da Justiça. Secretaria de Direito Econômico. **Defesa da concorrência no judiciário**. Brasília: SDE/Cade, 2010. Disponível em: <http://www.mpsp.mp.br/portal/page/portal/Cartilhas/defesa%20da%20concorr%C3%AAncia.pdf>. Acesso em: 31 jul. 2014.

BRASIL. **Portal Brasil**. 2014a. Disponível em: <www.brasil.gov.br>. Acesso em: 21 jul. 2014.

BRASIL. Presidência da República. IBGE confirma safra recorde de 185,9 milhões de toneladas. **Blog do Planalto**, 6 jun. 2013. Disponível em: <http://blog.planalto.gov.br/ibge-confirma-safra-recorde-de-1859-milhoes-de-toneladas>. Acesso em: 21 jul. 2014.

_____. **Portal do Palácio do Planalto**. 2014b. Disponível em: <http://www2.planalto.gov.br>. Acesso em: 6 jun. 2013.

CADE – Conselho Administrativo de Defesa Econômica. **Guia prático do Cade:** a defesa da concorrência no Brasil. 3. ed. rev. e ampl. São Paulo: CIEE, 2007. Disponível em: <http://www.cade.gov.br/publicacoes/guia_cade_3d_100108.pdf>. Acesso em: 31 jul. 2014.

COASE, R. H. The Nature of the Firm. **Economica**, v. 4, n. 16, p. 386-405, nov. 1937. New Series. Disponível em: <http://www.colorado.edu/ibs/eb/alston/econ4504/readings/The%20Nature%20of%20the%20Firm%20by%20Coase.pdf>. Acesso em: 31 jul. 2014.

_____. The Problem of Social Cost. **The Journal of Law and Economics**, v. 3, p. 1-44, out. 1960. Disponível em: <http://www.econ.ucsb.

edu/~tedb/Courses/UCSBpf/readings/coase.pdf>. Acesso em: 31 jul. 2014.

TERRA. Com aumento de renda, classe média quer poupar e comprar móveis. **Economia**, 7 maio 2012. Disponível em: <http://economia.terra.com.br/com-aumento-de-renda-classe-media-quer-poupar-e-comprar-moveis,bad8490b3f731410Vgn CLD200000bbcceb0aRCRD.html>. Acesso em: 17 mar. 2014.

DESEMPREGO na zona do euro sobe e chega a recorde de 12,1%. **BBC Brasil**, 30 abr. 2013. Disponível em: <http://www.bbc.co.uk/portuguese/ultimas_noticias/2013/04/130430_desemprego_zona_euro_jp_rn.shtml>. Acesso em: 1º ago. 2014.

DESIGUALDADE cresce em 14 de 18 países do G-20, aponta estudo. **Valor Econômico**, 19 jan. 2012. Disponível em: <http://www.valor.com.br/internacional/2492440/desigualdade-cresce-em-14-de-18-paises-do-g-20-aponta-estudo>. Acesso em: 21 jul. 2014.

DIEESE – Departamento Intersindical de Estatística e Estudos Socioeconômicos. 2014. Disponível em: <www.dieese.org.br>. Acesso em: 21 jul. 2014.

DOCCA, G.; BONFANTI, C. CNI: salários sobem, mas produtividade industrial não. **O Globo**, Economia, 18 maio 2013. Disponível em: <http://oglobo.globo.com/economia/cni-salarios-sobem-mas-produtividade-industrial-nao-8432303>. Acesso em: 17 mar. 2014.

ENTENDA a discussão sobre austeridade fiscal na Europa. **BBC Brasil**, 7 maio 2012. Disponível em: <http://www.bbc.co.uk/portuguese/noticias/2012/05/120507_qa_austeridade_europa_jp.shtml>. Acesso em: 1º ago. 2014.

ESTADÃO. 2014. Disponível em: <www.estadao.com.br>. Acesso em: 14 mar. 2014.

FEIJÓ, C. A. et al. **Para entender a conjuntura econômica**. São Paulo: Manole, 2008.

GUIMARÃES, L. As medidas da Europa e dos EUA contra a crise vão atrapalhar o Brasil?. **Valor Econômico**, 25 set. 2012. Disponível em: <http://www.valor.com.br/brasil/2843262/medidas-da-europa-e-dos-eua-contra-crise-vao-atrapalhar-o-brasil>. Acesso em: 1º ago. 2014.

HUBBARD, R. G.; O'BRIEN, A. P. **Introdução à economia**. Porto Alegre: Bookman, 2010.

IBGE – Instituto Brasileiro de Geografia e Estatística. 2014. Disponível em: <www.ibge.gov.br>. Acesso em: 14 mar. 2014.

INADIMPLÊNCIA do consumidor volta a crescer em abril, diz SPC Brasil. **Jornal do Brasil**, 10 maio 2012. Disponível em: <http://www.jb.com.br/economia/noticias/2012/05/10/inadimplencia-do-consumidor-volta-a-crescer-em-abril-diz-spc-brasil>. Acesso em: 17 mar. 2014.

IPEADATA – Instituto de Pesquisa Econômica Aplicada. **Ipeadata macroeconômico**. 2014. Disponível em: <www.ipeadata.gov.br>. Acesso em: 14 mar. 2014.

KROLL, L. Jorge Paulo Lemann é o brasileiro mais bem ranqueado na lista de bilionários da Forbes. **Forbes Brasil**, 4 mar. 2013. Disponível em: <forbesbrasil.br.msn.com/negocios/jorge-paulo-lemann-e-o-brasileiro-mais-bem-ranqueado-na-lista-de-bilionarios-da-forbes>. Acesso em: 26 ago. 2014.

KRUGMAN, P.; OBSTFELD, M. **Economia internacional**. São Paulo: Pearson Education do Brasil, 2010.

KRUGMAN, P.; WELLS, R. **Introdução à economia**. Rio de Janeiro: Elsevier, 2007.

KUPFER, D.; HASENCLEVER, L. **Economia industrial**. Rio de Janeiro: Campus/Elsevier, 2002.

LOPES, F. Preços de mandioca e derivados alcançam patamares recordes no país. **Valor Econômico**, 19 nov. 2012. Disponível em: <http://www.valor.com.br/empresas/2908654/precos-de-mandioca-e-derivados-alcanc am-patamares-recordes-no-pais>. Acesso em: 1º ago. 2014.

MAIOR geada em décadas vai afetar safra no Chile. **Revista Adega**, 9 out. 2013. Disponível em: <http://revistaadega.uol.com.br/artigo/maior-geada-em-decadas-vai-afetar-safra-no-chile_9512.html>. Acesso em: 21 jul. 2014.

MANKIW, N. G. **Introdução à economia**. São Paulo: Cengage Learning, 2009.

MARTELLO, A. Banco Central sobe compulsório e retira R$ 61 bilhões da economia. **G1**, 3 dez. 2010. Disponível em: <http://g1.globo.com/economia-e-negocios/noticia/2010/12/banco-central-sobe-compulsorio-e-retira-r-61-bilhoes-da-economia.html>. Acesso em: 21 jul. 2014

NUSDEO, F. **Curso de economia**: introdução ao direito econômico. São Paulo: Editora Revista dos Tribunais, 2013.

PARKIN, M. **Macroeconomia**. São Paulo: Pearson, 2003.

PIB decepciona e cresce 0,6% no 1º tri. **BBC Brasil**, 29 maio 2013. Disponível em: <http://www.bbc.co.uk/portuguese/noticias/2013/05/130528_pib_expansao_lgb.shtml>. Acesso em: 21 jul. 2014.

PIGOU, A. C. **The Economics of Welfare**. London: Macmillan, 1932.

PINDICK, R. S.; RUBINFELD, D. L. **Microeconomia**. 6. ed. São Paulo: Pearson Prentice Hall, 2006.

PRINCIPAIS pontos das medidas de austeridade da Grécia. **Exame.com**, 28 jun. 2011. Disponível em: <http://exame.abril.com.br/mundo/noticias/principais-pontos-das-medidas-de-austeridade-da-grecia>. Acesso em: 17 mar. 2014.

O SHOW continua. **Revista Exame**, São Paulo, ano 47, n. 21, 13 nov. 2013.

RIBEIRO, A. Política monetária não pode ser única resposta à crise, diz Dilma. **Valor Econômico**, 25 set. 2012. Disponível em: <http://www.valor.com.br/brasil/2843364/politica-monetaria-nao-pode-ser-unica-resposta-crise-diz-dilma>. Acesso em: 1° ago. 2014.

RIBEIRO, R. Incêndio no Porto de Santos destrói 180 mil toneladas de açúcar. **G1**, 18 out. 2013. Disponível em: <g1.globo.com/jornal-da-globo/noticia/2013/10/incendio-no-porto-de-santos-destroi-180-mil-toneladas-de-acucar.html>. Acesso em: 26 ago. 2014.

RICARDO, D. **Princípios de economia política e tributação**. Tradução de Paulo Henrique Ribeiro Sandroni. São Paulo: Nova Cultural, 1996. (Coleção Os economistas). Disponível em: <http://www.afoiceeomartelo.com.br/posfsa/Autores/Ricardo,%20David/David%20ricardo%20-%20Os%20economistas.pdf>. Acesso em: 29 ago. 2014.

RIZZIERI, J. **A demanda brasileira de cigarros e o efeito da restrição para a veiculação de sua publicidade em meios de comunicação de massa**. Texto para discussão n. 11. Fundação Instituto de Pesquisas Econômicas, São Paulo, jun. 2008. Disponível em: <http://www.fipe.org.br/web/publicacoes/discussao/textos/texto_11_2008.pdf>. Acesso em: 1° maio 2013.

SALGADO, L. H. **Política da concorrência**: tendências recentes e o estado da arte no Brasil. Texto para discussão. Rio de Janeiro: Ipea, 1995.

SILVA, C. M. **Comparativo entre a demanda dos transportes aéreo e rodoviário interestadual de passageiros**. Brasília, jun. 2012. Disponível em: <http://bd.camara.gov.br/bd/handle/bdcamara/11975>. Acesso em: 1° ago. 2014.

SIMON, H. A. Thinking by Computers. In: COLODNY, R. G. **Mind and Cosmos**: Essays in Contemporary Science and Philosophy. Pittsburgh: University of Pittsburgh Press, 1966. p. 3-21.

SMITH, A. **A riqueza das nações**. São Paulo: Abril Cultural, 1979.

WILLIAMSON, O. E. **As instituições econômicas do capitalismo**. São Paulo: Pezco, 2012.

_____. The Modern Corporation: Origins, Evolution, Attributes. **Journal of Economic Literature**, v. 19, p. 1537-1568, dez. 1981. Disponível em: <http://www.jstor.org/discover/10.2307/2724566?uid=3737664&uid=2&uid=4&sid=21104024737951>. Acesso em: 1º ago. 2014.

capítulo 1

Questões para revisão

1. A ciência econômica dedica-se a tentar compreender o processo da escolha, a fim de empregar recursos escassos na produção de bens e serviços, da maneira mais eficiente possível, para satisfazer as necessidades humanas ilimitadas.

2. Os problemas econômicos fundamentais são: O que e quanto produzir? Como produzir? Para quem produzir? Enquanto em uma economia capitalista cabe ao mercado resolvê-los, em um sistema econômico socialista tais resoluções cabem ao órgão planejador central.

3. c

4. a

5. e

capítulo 2

Questões para revisão

1. Demanda:

Quando há aumento na renda, o consumidor tende a reduzir o consumo de bens inferiores e a aumentar o consumo de bens normais, como ocorre, por exemplo, com carne de segunda: quando há aumento na renda, o consumidor deixa de consumi-la (bem inferior) e passa a consumir carne de primeira.

A curva de demanda relaciona diversos níveis de preço com as respectivas quantidades demandadas. Quando há variação de preço, observamos variações na quantidade demandadas, ao longo da mesma curva de demanda. No entanto, quando mudam os determinantes da demanda, como a renda do consumidor, observamos um deslocamento da curva como um todo. Portanto, deslocamentos da curva de demanda não dependem do preço do bem, e sim de seus determinantes.

Oferta:

O nível de preços tem efeito direto sobre a quantidade ofertada pelos vendedores em uma economia. No entanto, outros fatores são determinantes para compreender as movimentações da oferta no mercado, podendo-se destacar: o preço dos insumos de produção, que leva em consideração a estrutura de custos da empresa (mão de obra, máquinas e equipamentos, matéria-prima, entre outros); o preço de outros bens que possam oferecer algum grau de substituição na produção, o número de empresas no mercado e a tecnologia empregada. (Ver gráficos no próprio capítulo.)

Por meio do preço podemos identificar o conflito de interesses entre demandantes e ofertantes. Se, por um lado, os ofertantes desejam um preço mais alto para aumentarem suas quantidades ofertadas, os consumidores desejam um preço mais baixo para aumentarem suas quantidades demandadas. Esse conflito de interesses só é equilibrado no ponto em que ofertantes e demandantes possuem a mesma quantidade (ofertada e demandada), chamado de *ponto de equilíbrio* ou *Break Even Point*.

2. Preço de equilíbrio é igual a 25 e quantidade de equilíbrio é igual a 100.

3. c

4. d

5. c

capítulo 3

Questões para revisão

1. c

2. c

3. A elasticidade de preço da demanda pode ser um instrumento útil na decisão de políticas de preço. Se um vendedor souber qual o tipo de elasticidade de preço da demanda do produto que ele oferta, poderá ajustar de modo mais preciso a decisão de aumentar ou diminuir o preço. No caso de um produto elástico, sabemos que variações

no preço provocam alterações mais intensas na quantidade demandada, de modo que tais produtos apresentam grande sensibilidade a esse tipo de variação. Já os produtos inelásticos são menos sensíveis e apresentam modificações pequenas nas quantidades demandadas, mesmo que sejam grandes as variações em seu preço. Sendo assim, se um vendedor souber que seu produto apresenta um elevado grau de inelasticidade, qual seria a melhor política de preços para aumentar a sua receita total? Aumentar ou diminuir o preço? Primeiramente, devemos compreender o conceito de *receita total* a ser utilizado. O conceito é simples e, para compreendê-lo, partiremos de um exemplo. Imagine que 10 canetas foram vendidas a R$ 1,00 cada. Qual foi, então, a receita total do vendedor? Para descobrir, basta multiplicarmos o preço de cada unidade pela quantidade total de canetas vendidas, isto é: R$ 10,00. Portanto, a receita total pode ser expressa da seguinte maneira: $RT = P \times Q$. Como o vendedor percebeu que seu produto é inelástico e, portanto, menos sensível a variações no preço, para aumentar a receita total, ele poderia aumentar o preço, de maneira que as quantidades demandadas diminuiriam em menor escala. No caso de um produto elástico, ou seja, com uma quantidade demandada mais sensível a variações, a política de preço para aumentar a receita seria outra. Como sabemos que a quantidade demandada deve variar em maior intensidade que o preço, com pequenos descontos o vendedor conseguiria aumentar sua receita total.

4. d

5. A medida da elasticidade pode revelar o quão sensível é um bem ou serviço em relação a mudanças em seu preço. Produtos mais elásticos são mais sensíveis, pois sua quantidade demandada varia em maior escala do que seu preço. Por outro lado, produtos inelásticos apresentam menor sensibilidade a mudanças no preço, pelo fato de sua quantidade demandada variar pouco diante de mudanças no preço. Dessa maneira, por meio da elasticidade de preço da demanda, podemos classificar os produtos como *elásticos* ou *inelásticos*. Com a elasticidade de renda (**Er**), podemos medir o efeito de uma variação da renda de um consumidor na sua quantidade demandada. Se houver aumento na renda do consumidor e a quantidade de um determinado produto demandado por ele diminuir, deduzimos que se trata de um bem inferior. No entanto, se com o aumento de renda as quantidades demandadas aumentarem, deduzimos que se trata de um bem normal ou superior. Por fim, a elasticidade cruzada mede a relação entre o preço de um bem e a quantidade demandada de outro bem. Desse modo, podemos classificar os produtos como *complementares*, quando a elasticidade cruzada é negativa, ou *substitutos* quando a elasticidade cruzada é positiva.

capítulo 4

Questões para revisão

1. c

2. A curva da produção total cresce a taxas crescentes até o ponto de inflexão, a partir do qual, devido à lei dos rendimentos

decrescentes, a produção total continua a crescer, porém em uma intensidade menor, com taxas decrescentes, até atingir seu ponto de máximo. Note que, se adicionarmos mais unidades do fator variável após a produção total ter atingido seu ponto de máximo, devido aos limites do recurso fixo, a produção total irá decrescer. Por esse motivo, o ponto máximo da produção total reflete a maior eficiência do recurso fixo. A produção média indica a quantidade de produtos produzidos por funcionário, sua curva cresce até o encontro com a curva de produção marginal, onde atinge seu ponto de máximo. O ponto de máximo da produção média (Pme) indica-nos a maior eficiência do recurso variável (Merv). A produção marginal mede os efeitos da variação das unidades do fator variável (UFV) na produção total. A curva da produção marginal representa os efeitos da lei dos rendimentos decrescentes; no início, como há capacidade ociosa do recurso fixo, a produção total cresce a taxas crescentes, portanto, a produção marginal também é crescente. A partir do ponto de inflexão, a produção total passa a crescer com taxas decrescentes, portanto, a produção marginal apresenta característica decrescente até o ponto em que a produção total é máxima. Se adicionarmos mais um funcionário após esse ponto, a produção total decresce e, portanto, a produção marginal se torna negativa.

3. Os custos médios também podem ser chamados de *custos unitários*, ou seja, quanto custa para produzir uma unidade de determinado produto. Porém, como temos recursos fixos e variáveis, podemos determinar quanto há de custo variável por unidade produzida e quanto há de custo fixo

por unidade produzida. O custo marginal segue o mesmo raciocínio da produção marginal e, assim, mede os custos adicionais de se produzir uma unidade a mais. O custo variável médio (CVM) nos indica a quantidade de custos variáveis incorridos na produção de uma unidade de um bem. Para calcular o CVM, basta dividirmos o custo variável total (CVT) pelo volume de produção. O custo fixo médio (CFM) nos indica a quantidade de custos fixos incorridos na produção de uma unidade de um bem. Para calculá-lo, basta dividirmos o custo fixo total (CFT) pelo volume de produção. Como o custo marginal (Cmg) mede as variações no custo total (CT) com base na variação do volume de produção (q), para que possamos encontrá-lo, basta dividirmos a variação do CT pela variação na quantidade produzida. O custo total médio (CTM) nos indica quanto custa produzir uma unidade de determinado produto, dado que ele é a soma do CVM e do CFM. O comportamento das curvas de CTM e de CVM se dá em forma de "U", o que acontece como reflexo da lei dos custos crescentes. Com um volume baixo de produção, temos poucas unidades do fator variável e grande capacidade ociosa do fator fixo; portanto, por estar longe do limite de saturação do fator fixo, a estrutura da empresa permite que sejam adicionados mais recursos variáveis (por exemplo, mão de obra), de maneira eficiente, fazendo com que os custos tenham comportamento decrescente. Porém, quando o aumento do volume de produção se aproxima da saturação do recurso fixo, os custos passam a aumentar de forma crescente.

4. c

5. d

capítulo 5

Questões para revisão

1. As três principais características com base nas quais se define uma estrutura de mercado são: o número de empresas que atua em determinado mercado, o grau de homogeneidade do produto e a existência ou não de barreiras à entrada.

2. Os atos de concentração referem-se ao acúmulo de poder econômico decorrente de fusões, incorporações e aquisições de empresas, bem como de associações entre agentes econômicos. Por sua vez, as práticas anticompetitivas referem-se a ações adotadas por empresas que apresentam poder de mercado, tendo em vista reduzir ou eliminar a concorrência nos segmentos em que atuam.

3. c

4. c

5. b

capítulo 6

Questões para revisão

1. Observamos no ambiente empresarial um local repleto de riscos e incertezas. As decisões estratégicas sempre são tomadas considerando-se a reação dos diversos agentes que compõem o ambiente em que a empresa se insere, entre eles, os concorrentes e os clientes. Uma forma de garantir ou de mitigar os riscos é o contrato. Com essa formalização,

as empresas podem percorrer um caminho menos sinuoso em relação às atitudes e às estratégias de outras empresas concorrentes ou mesmo daquelas que ofertam bens ou serviços fundamentais para a sua atividade produtiva. Sob esse aspecto, pode haver contratos de fornecimento de matéria-prima, contratos de prestação de serviços e de diversas outras modalidades.

2. A racionalidade limitada associada ao ambiente complexo e incerto gera assimetria de informações entre os agentes em determinada negociação, afetando o resultado final da transação. Essas diferenças de informação, diante de um ambiente complexo com agentes racionalmente limitados, são condições propícias para que os agentes econômicos tomem iniciativas oportunistas. O conceito de *oportunismo*, na teoria dos custos de transação, não tem o mesmo sentido do oportunismo em que o agente apresenta habilidades de identificar e explorar as possibilidades de ganho oferecidas pelo ambiente. Nessa teoria, o oportunismo está associado à astúcia em manipular as assimetrias de informação por meio de informações seletivas, distorcidas e promessas "autodesacreditadas". No trabalho de Oliver Williamson (1981) podemos encontrar a definição de duas formas de oportunismo: *ex-ante* (antes de ocorrer a transação) – modalidade em que o agente contratado já sabe que não terá a capacidade de cumprir o prometido, impasse conhecido como *seleção adversa*; e *ex-post* (depois de ocorrer a transação) – nessa forma de oportunismo, depois de contratada a transação, pode haver problemas na sua execução, por exemplo, a redução da qualidade de um insumo pela empresa

fornecedora, com intuito de reduzir custos. Esse impasse é conhecido como *risco moral* (*moral hazard*).

3. b

4. b

5. b

capítulo 7

Questões para revisão

1. Um jogo é uma situação em que os participantes de um mercado (ou jogadores) tomam decisões estratégicas que maximizam seus *payoffs* (ou resultados) e que levam em consideração as respostas e as reações dos outros agentes (organizadas em uma matriz de resultados). As estratégias adotadas serão bem-sucedidas ou falharão, dependendo das decisões tomadas pelos concorrentes.

2. No exemplo em que Bonnie e Clyde refletem acerca de suas possibilidades de jogada (ou de decisões estratégicas), fica claro como a dinâmica de decisão entre os jogadores pode mudar se houver possibilidade de um jogo cooperativo ou se o jogo for não cooperativo. Ainda no mesmo caso, em que não houve cooperação, em virtude da impossibilidade de comunicação, o resultado do jogo não foi o melhor para ambos, porém, individualmente, obedeceram ao principio da racionalidade e fizeram as melhores escolhas possíveis diante das estratégias que poderiam ser tomadas pelo seu parceiro. Nesse jogo, pudemos observar que as estratégias

dominantes podem não levar à estratégia mais eficiente (que no caso seria os dois manterem o silêncio), mas o equilíbrio de Nash nos permitiu analisar como as estratégias podem ser coordenadas de maneira a se tomar a melhor decisão, baseando-se nas possibilidades de decisão de seu concorrente.

3. c

4. c

5. d

capítulo 8

Questões para revisão

1. A inclusão de bens intermediários no cálculo do PIB resultaria em dupla contagem, uma vez que tais custos já foram incorporados ao preço dos bens finais.

2. Para os impostos progressivos, a alíquota aumenta à medida que os valores sobre os quais incide são maiores, enquanto para os impostos regressivos a alíquota é relativamente menor à medida que os valores sobre os quais incide são maiores, tal como os impostos incidentes sobre o consumo.

3. e

4. d

5. a

capítulo 9

Questões para revisão

1. Os determinantes da demanda são: consumo, investimento, gastos do governo e exportações líquidas.

2. Porque no longo prazo a economia já está operando em sua capacidade máxima, de modo que deslocamentos na demanda agregada resultam apenas em pressões inflacionárias.

3. a

4. c

5. b

capítulo 10

Questões para revisão

1. A moeda tem três funções: atuar como meio de troca, como reserva de valor e como unidade de conta.

2. A diferença entre a taxa de juros nominal e a taxa de juros real é a inflação esperada.

3. e

4. e

5. b

capítulo 11

Questões para revisão

1. O modelo das vantagens comparativas de Ricardo, apesar de partir das mesmas premissas do modelo das vantagens absolutas, apresenta uma importante diferença. Em vez de justificar as vantagens de um país de maneira absoluta, Ricardo propõe medi-las de maneira relativa, por meio dos custos de oportunidade, e não simplesmente pela quantidade absoluta de trabalho empregado na produção. Além das teorias das vantagens comparativas e absolutas, outro modelo ganhou espaço na explicação de como os países deveriam se especializar na produção de seus produtos, o qual ficou conhecido como *modelo H-O*, devido aos seus criadores, Eli Heckscher e Bertil Ohlin. De acordo com tal modelo, um país exportará bens que utilizarem intensivamente seu fator de produção abundante e importará bens que utilizarem intensivamente seu fator de produção escasso.

2. O saldo do balanço de pagamentos pode ser superavitário ou deficitário, o que indicará se um país enviou mais dinheiro ou recebeu mais ao transacionar com outros países em determinado período de tempo. No caso de um déficit em transações correntes, pode ser que o país consiga revertê-lo ou, ao menos, reduzi-lo com os movimentos de capitais registrados na conta capital e financeira. No caso de um país apresentar déficits no balanço de pagamentos, ele tem basicamente duas alternativas para equilibrar essa situação: na primeira, caso possua reservas internacionais, poderá usá-las para reequilibrar suas contas; na segunda, no caso

de não haver reservas internacionais disponíveis, o país poderá recorrer a formas de financiamentos externos por meio de organismos internacionais, como o Fundo Monetário Internacional (FMI).

3. b

4. c

5. a

capítulo 12

Questões para revisão

1. Inflação corresponde à elevação contínua e generalizada do nível geral de preços da economia.

2. Inflação de demanda, inflação de oferta e inflação inercial.

3. d

4. b

5. c

capítulo 13

Questões para revisão

1. A política monetária consiste em estímulos à demanda agregada por meio de juros, crédito ou oferta de moeda. A política fiscal, por sua vez, consiste em estímulos à demanda agregada por meio de tributos ou gastos do governo.

2. Os instrumentos de política monetária compreendem: oferta de moeda, reservas compulsórias, operações de *open market*, operações de redesconto e taxa de juros. Já os instrumentos de política fiscal se restringem aos gastos do governo e à tributação.

3. a

4. b

5. b

Sobre os autores

Érika Roberta Monteiro

Graduada em Ciências Econômicas pela Universidade Presbiteriana Mackenzie (UPM) e mestre em Economia Política pela Pontifícia Universidade Católica de São Paulo (PUC-SP). Realizou análise com base em insumo-produto de gastos eleitorais e do setor de tecnologia da informação e comunicação, respectivamente na monografia e na dissertação de mestrado. Atualmente, é analista em consultoria econômica da Pezco Microanalysis e analisa a conjuntura macroeconômica e de mercados financeiros, além de participar de projetos de análise microeconômica e setorial, principalmente em telecomunicações e setores regulados de infraestrutura. Ademais, leciona a disciplina Fundamentos de Economia para o curso de Direito na Universidade Nove de Julho (Uninove).

Pedro Augusto Godeguez da Silva
Graduado em Ciências Econômicas pela Faculdade de Economia da Fundação Santo André (FSA) e mestre em Negócios Internacionais pela Escola Superior de Propaganda e Marketing (PMDGI/ESPM). Tem como linha de pesquisa a análise econômica dos investimentos diretos estrangeiros em setores regulados, com ênfase nos setores de infraestrutura. Foi pesquisador do Instituto de Economia Agrícola do Estado de São Paulo (IEA) e economista da Sociedade Brasileira de Estudos de Empresas Transnacionais e da Globalização Econômica (Sobeet). Atualmente é consultor da área de microeconomia da Pezco Microanalysis. Além disso, atua como professor da Faculdade de Economia da FSA e da Escola de Negócios da Universidade Municipal de São Caetano do Sul (USCS).

Os papéis utilizados neste livro, certificados por instituições ambientais competentes, são recicláveis, provenientes de fontes renováveis e, portanto, um meio responsável e natural de informação e conhecimento.

FSC
www.fsc.org
MISTO
Papel produzido
a partir de
fontes responsáveis
FSC® C103535

Impressão: Reproset
Abril/2021